# 小吃碗上外太空

包子逸

目次

楔子：透光之處——4
清輝窯的上半場——24
好農家米糕：三角窗外的滄海桑田 台南．中正路海安路口．沙卡里巴——44
艋舺夜巡：時髦珈琲屋到甜湯鋪 台北．華西街．阿猜嬤甜湯——70
溜滑梯吧，肉丸 台中．豐原．陳家萬仁肉丸——102
湯裡來去，江山與才人 台北．後車頭．蔡記岡山羊肉——124
榕樹下的甜蜜生活 台北．南機場．八棟圓仔湯——146
柳川畔，四神冰 台中．第二市場．四季春甜食店——180
哨船頭來的孩子 基隆．三沙灣．三沙灣麵線羮——208
日安！透早起床與時代對決 高雄．鹽埕．老蔡虱目魚粥——230
金聲號的世界巡禮 台北．老圓環．金聲號——254
清輝窯的未來進行式：小吃碗上外太空——272
後記——281

楔子

# 透光之處

我的碗櫥裡有四只釉下彩青花陶瓷碗公，外觀是典型的「竹籬」繪法，細密的淡藍條紋從碗底延伸而上，托著碗身。碗內，兩道整齊的平行藍線圍住上緣，下筆與收尾處的細線因爲釉色疊合顯得更藍，濃淡肥瘦的筆觸透露了繪製的程序與速度。碗底印了一枚圓形圖騰，直徑不到五公分的圓框內嵌入一幅簡約的古典山水速寫，前景是一株從險峻山崖縫隙竄出的高大松樹，中景是一名站在高地上的小人物，手中握著一截象徵性的直線（也許是櫓，或者釣竿），再遠一些可以看到水波與遠山，恬淡卻景深。四只碗底的圖案如出一轍，是蓋印上釉[1]的繪碗方式，看得出蓋印者的手法相當細心（這可不容易，早年許多「福字碗」在碗底印上的「福」字經常顯得潦草），線條乾淨整齊，維護了碗底浮世山水的清閒。如果翻開碗底，從它無釉[2]的純白底部判斷，製造原料已不是早年的陶土，而是混有高嶺土的瓷土，推測是二十世紀下半葉出現的產物。碗底無印，因此無從得知此碗的生產者爲何。

這四只中型碗公昔日是我父親老家餐桌上日日使用的器皿，美濃的祖母一直將它們收藏在自家碗櫥，我父親後來接手擱在鐵櫃裡閒置，如今交由我納入台北的餐櫃，是家中最頻繁使用的器物之一。

這些碗有一種節約的美，尺寸大小適當，容量比一般飯碗深闊，又比盛菜湯的大型碗公小許多，尺寸在現代器皿中難得一見。除此之外，因爲使用比陶瓷硬度更高的瓷土，又以透明釉保護、高溫燒成的釉下彩技法製作，即使千迴百轉經歷過三、四代人的摩娑，體會過萬種滋味與油花的潤澤，看起來絲毫不顯滄桑，不似我從祖母那裡拿來更早期的陶製飯碗，因爲做工粗糙，在歲月浩浩的侵蝕之下早已缺損斑斑，美則美矣，做爲食器已經不太就手，如今的用途只能改爲盛裝小物的容器。

大概是延續自家人珍惜老碗的慣性，又或許是自己恆常使用家族的舊食器，使得這些器物與我的日常並沒有隔閡，這個親切的原因，很早啟動我學習認識台灣老碗的興致，爾後在逛跳蚤市場、看老碗的零碎閒情之中，也不成系統地建立起一點關於日用食器特質與技法的粗淺認知。我不算是狂熱的台灣民藝食器收藏者，但這些年來仍少量收了一些繪有胭脂紅花或魚蝦的碗盤，我喜歡它們的故事性，並盡可能地不讓它們脫離日常軌道，勤勞使用，是爲了避免讓日用食器成爲束之高閣、僅供觀賞的出世文物。

任何對台灣廚房裡日用陶瓷略有涉略或喜好的人，拿起一只有歷史的食器時，很多時候並不爲了吃，而是爲了看，爲了一種遙想。因此，以我碗櫥裡的那四只青花碗爲例，它的形體本身具備了豐富的暗示，惜碗之人並不會只顧著碗裡的東西，通常拿起一只碗的時候，還要習慣性地將碗翻轉過來，希望從不同角度去看待它，找出它試圖彰顯的意義。你要是懂得看，那麼就能從一些枝微末節的線索裡讀出它的製作技法、可能的生產年代、使用的原料以及繪製風格，舉凡在時光淬鍊後滋養出來的冰裂紋、杯碗底部高台的土色與切痕，都是器物故事的延伸。將碗翻轉過來的時候，許多人習慣性地「**看款**」（**khuànn-khuán**），看碗底的記號，此印通常是代表窯廠標誌的商標印記，有時還附注年號，在世界的陶瓷史中，這一個小小的印記，注解了它的身世、所處的時空背景，其他時候也有區分階級、區隔官民的注記作用。

看款的動作是古物收藏者的習慣，以收藏台灣日用陶瓷而聞名的宜蘭「台灣碗盤博物館」爲此特別規劃了一個「看款」區，館方翻開這一區的器皿底部，露出底下的商標印記，協助參觀者認識一些台灣常見窯廠。如果沒有印的提示，那就非得仰賴更多識別的知識，從其他蛛絲馬跡來判斷它的來歷。此外，看款者也學會理解名號亦有虛實，「仿款」往往反映了每個時代流行文化角力中優位者的聲勢，聲勢愈高，仿衆愈多，風格的僞裝與模仿是文化熱潮的副產品。

自從開始關注台灣日用民器之後，長期以來，我出門吃飯，經常不自覺地多看一眼店家所使用的碗，完食後，只要私心感到食器特殊，便下意識地高舉碗身端詳，「看款」是抱著「君從何處來」的心思。過去在台灣各個鄉鎮與城市遊晃，偶然發現許多老字號的小吃店不約而同地使用一款碗底標記「清輝窯」的碗，此後閱讀許多街頭飲食報導的時候，更留意到這種碗屢見不鮮。出於好奇，我與小吃業者閒聊的時候，經常問起碗的來歷，許多業者不約而同表示，十幾二十年前已經買不到同樣的款式。

爲什麼用這一類型碗的店家都是老店？又爲什麼名爲清輝窯的小吃碗受到業者的喜愛，卻突然消聲匿跡？這些疑問久久懸掛在我心底，某一日終於按捺不住好奇，特地上網搜尋清輝窯的資料，卻驚異地發現清輝窯現在不做碗，已經跨入航太精密科技業。

這個謎團一直要到我向《端傳媒》提案做一份關於清輝窯的報導之後，才以非常緩慢的速度解開。我仍記得輾轉與現任清輝窯老闆林正誠通上電話的那一刻，正忐忑地坐在圖書館無人的樓梯間裡，盡量地讓自己聽起來輕快。電話另一頭的林老闆乍聞採訪邀約，旋即謝絕，我爲了不讓約訪太快失敗，靈光一閃向他提起近期看到高鐵雜誌裡刊登的某家小吃老店鋪報導，老店使用的正是清輝窯老碗，老闆恰巧看過那一期的高鐵雜誌，明白我在說什麼。靠著這個微弱的引信，原本闔上的大門似乎又拉開了幾分，老闆多問了幾句，也許是想從我這邊知道更多，或者想起了過去。我們又聊了一些，話題漸緩緩舒展而開，這是我與清輝窯故事正式連線的起頭。

此後，在與生產者反覆的交流與確認之下，我認識了更多款清輝窯早期的小吃碗。我家那四只竹籬紋青花碗碗底無印，因此向來「碗身未明」，無從得知它的身世。同樣地，清輝窯自創業以來，有長達數十年的時間，生產的日用食器皆沒有任何廠商記號，如果沒有生產者親自「認親」，這些無印的器皿都將只是歷史洪流中身分模糊的「待考」文物，然而無名之物也有它的時代背景。

清輝窯早期的產品並無品牌印鑑，有一個特質卻可以很快地讓我指認出「這可能是清輝窯」——由於清輝窯是早期台灣第一個使用青花釉下彩機器直印[3]量產小吃碗的窯場，市占率高達六成，只要在小吃老店內看到看起來像機器大量生產的藍白雙色、手感厚重老青花碗，八九不離十都是清輝窯所製（當然同時需要懂得辨別老碗與當代小吃業流行的CK全國瓷器、大同瓷器印刷風格有什麼不同）。

有了一些基礎的認知，探尋仍使用或保存清輝窯小吃碗的店家有了頭緒，我依循線索敲了受訪者的門，有一部分是我早已知道使用清輝窯的店家，我本來就是店裡的常客，但也有一部分是後期上窮碧落下黃泉竭力搜尋得來。要知道哪一間小吃店仍使用清輝窯的老碗，除了親自上店家吃一碗，以肉眼親自認證之外，感謝網路時代，我還使用了關鍵字搜圖與延伸搜索的方式預先篩選對象，目前已練就了瞬間可以從照片中碗緣花樣（無論這碗是否正好盛滿一碗麵線或肉羹）判定它是否為清輝窯的火眼金睛。

我必須說，那些原本不認識（而正好使用清輝窯）的店家，果真都是時代考驗下的健兒，絕大多數相當美味。不過，在踏查的過程中，我亦發現有些舊有已知的店家，在短短一兩年內已不是我所熟悉的樣貌，包括全面汰換清輝窯，甚至用上了美耐皿，基於某些個人書寫的宗旨與原則，也不得放棄接觸許多原本很喜歡的小店。在諸多「發現今非昔比」的愕然中，現在記錄下來的這些小吃店故事，都像是在時代的颶風中緊急採集下來的果實。報導內容最終雖以「仍使用老碗的老店」串場，但器皿只是訪談的觸媒，這裡談及的小吃攤及其人情故事，勾勒的脈絡遠超過器物之身，投射出大時代與小地方的動人縮影。

討論鶯歌製陶史或台灣陶瓷發展史的文獻中，清輝窯經常是被忽略的一環，最大的原因自然是那個「不具備名牌」、身分模糊的過往。提及台灣境內機械化量產瓷器的領航者，大同瓷器經常是聚光燈下代表。一九六三年成立的大同瓷器創立之初輸入日本技術，以貼花與釉上彩瓷器為主要生產方向，清輝窯稍早預先一步輸入釉下彩的機器直印技術，因為不易磨損顯舊，一度雄霸小吃業市占率之鰲頭。

然而，就算清輝窯曾經在小吃業界比同業知名品牌更受歡迎又如何呢？在完成連串探訪之後，我認為清輝窯早期小吃碗所創造出來的意義，不在於它「也曾是一方霸主」，不在於它是隱形冠軍，而恰恰在於它在歷史定位裡的「不受重視」，在於它於各種「縫隙」（不管是歷史、文化或工業零件）中卓然發展的堅硬底氣。與許許多多在生活的狹縫裡求生存的小吃業者一樣，透過模仿與無數的嘗試，在種種「不受重視」的發展過程中，清輝窯持續前行，成為小吃產業背後的重要配件，一直到今天，進一步躍升為新世紀精密科技與工業生產背後的重要環節，卻從來都不是那麼彰顯自我，更多的是幕後服務的姿態，它的身分，某種程度上就像台灣近代史的倒影。

我幾度在福和橋下的跳蚤市場、零星的台灣古市集或舊貨店看過清輝窯的機器直印

台灣碗盤博物館

老碗，然而它們並不如那些五〇年代左右的手繪器皿（椰子風情畫、胭脂紅花卉、魚蝦鳥獸等寫意圖騰）受到民藝愛好者關注，箇中原由不難理解。普遍來說，至今民間古物店販售的台灣手繪老食器售價依然親民，除非本身具備了某種難以取代的孤品特質（諸如樣式千里難尋）。相較之下，機器生產的絕版清輝窯老件市價更低，通常是銅板價，偶然露面的攤位更多像出清區，而非附庸風雅的骨董器物區。這個置身邊緣的現實，反映了清輝窯在收藏者眼中的「價值」，在還沒有展開報導採訪之前，我並不介意這點，畢竟在我的眼中，清輝窯在台灣陶瓷發展史中獨樹一格，故事跌宕起伏，並且深入民間，是很有趣的採訪目標，有其無可取代的重量。然而它在文物收藏界的「銅板價」現實，讓我在接續的採訪過程中碰到了另一個慘烈的硬壁——我發現「清輝窯」並不是一個可以坐下來和收藏者暢聊的共同話題。碗盤歷史或文化學者不認識清輝窯，或者說不確定它有什麼特別可以討論之處，文物收藏者喜歡的物件，通常具備有強烈的藝術特質或文化定位。

台灣早期（五〇年代至六〇年代）曾經產出別具台灣特色與風格的手繪器皿，胭脂紅的釉色、椰子樹風情畫等等都有無可比擬的高度識別度，在世界版圖上足以代表台灣風格，然而在社會經濟結構劇變的輾壓下，隨著生產者與消費者目光的轉移，如此具有台灣特色的器皿已付之闕如。以宜蘭的台灣碗盤博物館爲例，其所展出的物件，多半具備了幾個要素：獨一無二的稀有性（手工藝製品或已絕版的技術，比如曾經盛行的黃閃光釉技法）、時代性（當代指標性產物，比如大航海時代產物或特殊民俗用品）與藝術價值。嚴格說起來，以上幾個特質清輝窯幾乎都沒有——它並非來自於一個波瀾壯闊的大時代，其機器直印技術源自於日本，制式花樣也是仿製日式風格，某些圖樣甚至可以說是粗糙幼稚，加以收藏者通常不傾向收藏大批量產的機械產品，通俗與巨量往往削減藏品價值，貶抑物件在社會文化體系中受到重視的程度，就好像複製畫多半不受收藏者垂青，在炫耀性消費的世界裡，物以稀爲貴。

追求與眾不同的細節向來是一門不退流行的美學衡量標準，尙樸的日本茶道愛好者早在數百年前便推崇侘寂之道，珍視器皿製造過程中無心造就的不完美，追求「碗碗有瑕，各瑕不同」的美學，認爲每個茶碗的獨特缺陷恰好賦予其無法模仿的「個性」；宋代鑑賞家與文人認爲開片（瓷器釉面自然龜裂的現象）最符合審美原則，因爲其效果「非人工做作，而是從材質與技法之中自然生發而成」[4]，總之表現形態愈不做作、愈難以複製，愈能表現抽象美學的精妙。然而在不同的時空之下，判定「是否做作」的觀點與假設持續修訂，對宋人來說可能俗不可耐的工匠手繪瓷器技法，在明朝官方與文化強權的吹捧下卻成了兼顧市場與審美的顯學。美學階級隨著社會文化的觀點而不斷進行微調，甚至隨著時代遞嬗而產生微妙的位階變化。不過總的來說，愈是稀有而難以取得，愈能獲得青睞。機械化普及的時代，手藝特別難能可貴，然而在手工普遍的時代，不受人為控制、渾然天成的藝術效果更為高超，無論怎麼樣，人類總有一套辦法來論斷美的高低。

嚴格說起來，清輝窯的小吃碗並沒有做到機械化的完美複製，早年的直印技術並不精緻，造成各種青花釉印深淺不一、毛邊與出格的微小失準，說它「碗碗有瑕」也不為過，這正是清輝窯與後來接收清輝窯直印機器、異地重生的CK全國瓷器最大的差異——CK全國瓷器複製了清輝窯的圖騰，隨著科技提升，大幅改善了產品的良率，現今已經能達到高水準格式化的複製輸出，幾乎做到每一只碗的印花無論色澤與線條皆如出一轍的境界。這個境界在科技業無疑是一種讚譽，在美學世界裡卻造成了失落，精準圖樣看起來更乾淨俐落，卻因爲失去了「意外」的野趣，顯得相對平板單調。

然而，即使早期清輝窯機械直印不斷顯露出肉眼可見的瑕疵，在藏家眼中依然不能與手工的不完美相提並論，這個偏見正好說明了文明進程裡出現的另一個詭異矛盾：手工生產的時代不免要走向機械化生產的道路，走上了機械化生產的道路後，人類卻在精神上開始緬懷人之所以爲人（而不是機器），多少會「**走閃**」（tsáu-siám）、會犯錯，能製造如台語所說那樣「**無遐利，較活**」（bô hia lāi, khah ua̍h）的自然拙趣，或因不完美而自然流露的人性。是以文化雅好者不約而同追捧無法高速量產的手工藝品，以維護一種不從眾的浪漫情懷，並從收藏這種人性產物的過程中試圖體驗不可言喻的人本精神與文明昇華，或彰顯不甘流俗的高度。

自從十九世紀班雅明（Walter Benjamin）在《機械複製時代的藝術作品》（*Das Kunstwerk im Zeitalter seiner technischen Reproduzierbarkei*）裡解說了「靈光」（aura）概念之後，複製品的靈光消逝似乎成了工業化時代裡無可奈何的詛咒，因此也不難想像，在許多人眼中，清輝窯的製作與藝術表達方式，礙於缺乏人性與靈魂的機械從中作梗，或許仍隸屬於「比較沒有靈光」的那個世界吧。

相較於文史學者與收藏家談起清輝窯時的茫然與情感匱乏，日用五金批發業者聽到清輝窯的反應相對親切而熟悉。小吃業者也許不知道自己使用的碗是清輝窯所產，但是他們對清輝窯早期小吃碗的形貌並不陌生。在傳統五金批發業者與小吃業者的眼中，食器的價值評量方式與文史藝術位階的價值界定方式顯然有巨大的歧異，甚至反其道而行——他們更樂於因襲常規與熱潮，什麼樣的東西受歡迎，他們就擁抱它。

出於這種「從衆」的心態，以台北後火車站的老字號五金行「金聲號」爲例，它不但與清輝窯過從甚密，更曾因大量進口日本器皿，知道消費者喜歡哪一種日式花樣的食器，從而建議上游的窯場製作類似風格，使得台灣民器不僅在技術上，也在風格上都複製了日本模式。

我並無意透過清輝窯與小吃店家的故事去鋪展線性的歷史進程，也無意將清輝窯塑造爲成功故事的典範（即使它確實成功踏上了自己所期待的新大陸），僅能倚靠一些來人的指路，勾勒出一張在台灣各地閃爍的歷史星圖。如同先前所言，我認爲這些因爲小吃碗而產生關連的小城故事裡，最迷人的地方在於他們一概在極度壓迫的時代、空間或經濟壓力之中，找到了一個足以獲得社會支持的出發點，生機勃勃地從種種逼仄的狹縫中出發，自此開枝散葉，長成了各種讓人感動的樣子。套句詩人李歐納．柯恩（Leonard Cohen）的話說：「萬物皆有裂罅，那是透光之處。」

**注釋**

1 刻印圖章沾上色料印於器皿坯胎上。

2 燒製碗的過程中，產品層層相疊，因此窯廠會在碗底上一圈蠟後再浸最後一層釉，疊起燒碗時，才不會因釉料互黏而導致分隔成品的困難。這一圈蠟會在燒製過程中自然融去，露出底部一圈沒有上釉的陶瓷土原色。

3 早年清輝窯延用日文稱呼這種以矽膠軟頭印刷食器弧形曲面的技術為「パッド印」，パッド即「軟墊」。

4 羅伯特．芬雷（Robert Finlay），《青花瓷的故事》（*The Pilgrim Art: Cultures of Porcelain in World History*），臺北：貓頭鷹出版，2011年。頁209、241。

# 清輝窯的上半場

台灣小吃界與清輝窯曾有過深厚的革命情感——如同小吃店攤常備的黑醋或蒜泥，清輝出品的「生意碗」是台灣庶民美食數十載的好搭檔，市占率曾高達六成，廣受小吃店老闆的喜愛。

食客或許從來未曾留意手中食碗的模樣，但是清輝碗曾經如此深入台灣民間、融入市井飲食的日常。翻開介紹台灣老派小吃的書籍，清輝窯的白底青花碗屢見不鮮，民眾也許叫不出這些碗的正確名字，但對它的形貌並不陌生。相當於香港茶餐廳的奶茶瓷杯、大排檔的公雞碗，清輝青花小吃碗連結了台灣戰後的平民美食記憶，從歷史的角度來看，這些碗端起的不只是一碗熱羹湯或一碗燒冷冰，還有在地的文化意義。

從南到北，至今仍珍惜地使用清輝碗的台灣老字號族繁不及備載，鹽埕老蔡虱目魚粥、台中四季春甜食店、豐原的陳家萬仁肉圓，台北華西街的阿猜嬤甜湯、源芳刈包四神湯、南機場的八棟圓仔湯，基隆三沙灣麵線焿，宜蘭羅東紅豆湯圓、肉羹慶……延用清輝窯碗具的店家，八九不離十都是有歷史的老字號，原因無他——正宗的清輝碗早在上個世紀末停產，現今已無存貨。這些小吃店能持續使用絕版的清輝碗至今，多多少少證明了店家貞心惜物，而這份情意通常也反映在他們對食物的堅持上，有點眞本事，過得了歲月的考驗。

## 阿輝伯仔的瓷仔

清輝窯的「清輝」兩字取自於第二代的經營者林清輝之名，但是「清輝窯」是他的父親林清於一九五一年左右創立。當時國民政府遷台不久，中國陶瓷供應中斷，台灣內需市場擴大，鶯歌有豐富的原料及燃料、便捷的交通，又有台北做爲腹地，鶯歌窯場在一九五一這一年當中，從二十幾家倍增爲四十幾家，新增者幾乎皆爲碗盤製造商[1]，林清正是這一波趁勢而起的新興製造商之一。

一九五五年《臺北縣志》附錄的「陶瓷器製造業概況表」顯示，彼時登記有案的五十家鶯歌工廠中，以碗爲主要產品者計有三十七家，占了百分之七十五，少數幾家除了製碗，兼產杯、便器、電器等[2]。大約在創業之初的前十年，清輝窯與其他窯場同樣以鏇坯法製造日常用碗爲主業，以手工繪紋爲主。其中一款是腰部微縮、上緣敞開的折腰碗，花樣爲寫意胭脂紅花點與綠葉，小吃攤經常拿來裝米糕或肉圓。清輝窯第三代經營者林正誠猶記得兒時整台卡車載運半乾濕的陶土到工廠的情景，搬運土料的工人忙著使用一款弓形的彈簧線將土料切成大塊，挪放至肩上，一來一往共有五、六位工人協力將整車陶土卸到工廠土埕。日治時期畫家立石鐵臣繪製的〈鶯歌の製陶工房〉[3]插圖讓我們更能清楚地想像當時切割陶土的光景，這幅作品刊登在《民俗臺灣》雜誌之中，收錄於立石鐵臣「民俗圖繪」專欄系列，畫中女性正彎腰拿著同樣弓形的彈簧線切割陶土料，身邊圍繞著陶工製作的缸瓦。

# 民俗圖繪 十三

立石鐵臣

## 鶯歌の製陶工房

鶯歌街尖山埔は陶窯の聚落である。のぼり窯が點在し、あまたの工房が見られる。燒物は鉢・甕・壺・便器・土管・骨甕の類で、手作りの素朴な方法で作られてゐる。蹴轆轤で壺を作る老工人の手馴れた美事さも面白く、若い娘が土管を作るさまも興が深い。小娘の手が萬遍なくゆきわたる土管は怖くない。洋瓷の手焙に向きさうな骨甕は此頃丈が少し低くなつてゐる。圖は、まづ手始めの、粘土を弓仔で切り取つてゐるところである。鶯歌の娘はなか〳〵働き者だと聞かされた。

立石鐵臣，〈鶯歌の製陶工房〉（擷取自國立臺灣圖書館日治時期期刊影像系統）

爲了應付市場需求、加速製程，六〇年代的時候，清輝窯也曾因應潮流短暫使用「轉寫印刷」的釉下彩技術，向鶯歌第一家也最具規模的新太源轉寫印刷公司[4]購買轉印花紙，取代人工手繪，將花紙放置器皿底部，以毛刷沾水讓轉印花紙上的顏料轉印到素燒胚上，花樣簡約，當時喜慶常見、量產的龍鳳印囍字靛藍青花大盤使用的正是這種工法。做這種花紙轉印的生產方式，「每次一上色完，整個工廠（使用過的印花）宣紙飛得到處都是」，林正誠印象深刻。

清輝窯從創業之始即生產一次燒釉下彩[5]日用陶碗，初期必須向中國砂輪所屬的大型窯場分租窯爐空間才能燒碗，之後緩慢累積資本，從而擁有自家窯爐，這也是鶯歌許多陶瓷業者的共同經歷。中國砂輪最早以燒製磚瓦出身，後來以生產工業砂輪而壯大，靠的是特殊技術的精進，而讓「阿輝伯仔的**瓷仔**（huî-á，陶瓷）」在業界脫穎而出的關鍵，同樣也是幾次重要的技術升級。

一九六二年，林正誠仍是蹣跚學步的小兒，這一年台灣陶瓷參加了美國西雅圖的萬國博覽會，一舉打開了鶯歌陶瓷外銷之路，加上後來政府主導的外銷融資貸款及外銷退稅等鼓勵措施，使台灣陶瓷業進入飛躍式的成長期，一直到八〇年代，建築、衛浴、日用陶瓷無論內外銷都蓬勃發展。在林正誠成長過程中，他的手足與同學們幾乎毫無假日可言，林家孩子打工範圍含括手工繪圖、在生坯碗底蓋蠟以防沾黏等等，「我們打工本來沒有錢，後來抗議，才給我們零用錢，一個月三、四塊。」

下課回家幫忙生產，集體加工貼瓷磚、畫三色仔[6]、替碗盤上釉是鶯歌孩子們共同的青春記憶。鶯歌是小鎮，林正誠及兄弟姊妹的同學很多家裡生產磁磚（包括和成牌、隆昌牌、三洋磁磚等），不過鶯歌窯場大多為家族企業，同學們長大沒有合作關係，只有同學情誼。

有句台灣諺語這麼說：「**燒瓷的食缺，織蓆的睏椅**（Sio-huî--ê tsia̍h khih, tsit-tshio̍h--ê khùn í）。」在林正誠的印象裡：「老爸很省，去麵攤吃麵，上面有兩塊肉，點了多五塊錢，麵端過來他會說『我不要加肉』。但是他又很捨得買機器。」不只買機器，林家也是鶯歌最早有轎車的家庭之一。

早年拍照留影難得，訪談時請林正誠提供鶯歌早年的老照片，他翻箱倒櫃找出來的唯一一張全家福比巴掌還小。他們在自家工廠二樓陽台照相，遠方的背景中聳立一根大煙囪，隱約可以看見煙囪上寫了「中國砂輪」大字，照片裡的林正誠仍是小學童。這張全家福雖然取鏡於日常，但放在歷史的時間軸上來看，攝影的那一瞬間，正好也捕捉到了清輝窯家族站在命運的十字路口，開始進行第一次技術與設備升級的那段時光。

在外銷盛行、眾人競逐貿易錢潮的那二、三十年期間，清輝窯卻依然專注於台灣本土市場，關鍵在於他們從日本引進的一項獨門技術。在林正誠上小學的六〇年代尾聲，日語流利的阿輝伯仔前往日本參觀窯業設備展，重金買下台灣第一台陶瓷釉下彩直印機帶回台灣，七〇年代開始機械化生產釉下彩瓷碗，這個有遠見的決策是影響清輝窯未來發展的第一個重要轉折點。

「當年去日本買下直印技術，同一時期只有中國、韓國、台灣三家廠商去買同一種機器，運回各自國家製作。過了半年，只有我爸回去要零件和油墨，另外兩家統統沒有回來，代表這台機器只有清輝窯後來有繼續使用。」林正誠補充。

當時，日本機器直印方面的技術已經相當成熟，周邊的配合廠商長期耕耘這個領域，

油墨、機器都有廠商深耕，外銷機器卻推動緩慢，是因爲有技術上（諸如銅版製作、顏色深淺控制、印刷頭的軟硬度微調）的門檻。當清輝窯在使用機器碰上困難之時，在台灣找不到同樣使用陶瓷釉下彩直印技術的同行，除了回頭求助日本廠商，也曾自己摸索調整，只是自行調整的結果做出來的效果並不如日本當時所能產出的同類型產品精良，這或許也解釋了爲何早期清輝窯生意碗經常出現釉色濃淡不均、線條參差的狀況。

目前坊間台灣品牌生意碗以大同瓷器與全國瓷器爲大宗，而又以大同瓷器的知名度最高。一九六三年，大同瓷器公司設廠，在日本顧問技術輔導之下，成功開發製造出全瓷餐具，取代當時傾銷台灣的日本貨。曾有報導指出，大同的全瓷餐具取代日本進口瓷器，大規模壟斷國內日用瓷的市場，導致鶯歌的製造商轉以接受國外訂單製作外銷產品爲主。[7]不過，自從清輝窯購入銅版印刷釉下彩直印技術之後，有很長的一段時間，台灣沒有任何同業擁有同樣的設備與技術。大同瓷器早年瓷器產品多飾以技術精良的貼花與釉上彩，使用陶瓷釉下彩直印技術的時間點晚於清輝窯，奠定了早年清輝窯在小吃碗市占率執牛耳的基礎。因此，現今在老字號小吃店或二手市場仍能找到的台灣早期機器直印（非手工）青花老碗，絕大部分都是「阿輝伯仔的」。

小吃碗的生意是細水長流的生意，而清輝出品的生意碗之所以受到小吃界歡迎，有幾個特殊的原因：除了清輝窯針對小吃業者設計的餐具比家用碗更厚，老闆端湯在桌間遊走時不易燙手；寬口設計看起來分量足，相較於早期陶碗，機械化生產的瓷碗燒製溫度更高，質地更硬也更耐碰撞，而且釉下彩因爲有上層透明釉面保護，長期使用也不顯舊，不似釉上彩、貼花碗盤易磨損，容易有金屬殘留疑慮。清輝窯深知自身的優點，往年出貨時包裝紙皆印上「無毒」字樣，有些切貨到市場去零賣的生意人甚至經常在往來客人面前故意掀倒成疊的碗，以證明碗盤的「**粗勇**」（tshoo-ióng，強韌耐用）。

在最輝煌的時期，清輝窯可以每天燒滿一窯爐的食器，全台設有五大經銷據點，六成的小吃店生意碗都是用「阿輝伯仔的」。「有些業者還會大老遠從高雄北上到鶯歌找我們買生意碗，可能希望比較便宜，但我們不會打折，因爲我們走經銷制度，行銷的關係，要顧及經銷商。」

## 無以名狀的曖昧身分

在八〇年代之前，批發商與零售業者叫貨的時候並不指名要「清輝窯」的碗，而是帶著一點人情味地把他們家的產品稱之爲「阿輝伯仔的」，這其實有特殊的原因：早年鶯歌日用碗盤製造商並沒有「品牌」概念，營業僅求謀生，台灣經濟起飛時期又以代工出口爲重，並不重視廠牌標記，業者長期扮演拚經濟的「無名」功臣，業界僅透過碗盤的彩繪花樣與樣式簡單區別不同窯廠。因此，如同鶯歌早年諸多叫不出名字的陶瓷公司，清輝窯長期身分朦朧，直到八〇年代才在製碗過程中多幾道工序，在小吃碗底印上「清輝窯」這個品牌印記，民衆才算正式認識了他們。

值得一提的是，五〇到七〇年代，許多陶瓷業者不僅隱姓埋名，還經常模糊商品出身，技術性地在碗底加印「Made in China」的仿印篆，只因當時兩岸交通阻絕，時代氛圍使得中國陶瓷物以稀爲貴。也有廠商刻意替強化自家碗盤的日式風情，加印和風名號或圖案，藉此哄抬商品的價值，利用的是台灣消費者對中國與日本貨的嚮往，也反映了當代時空下的文化位階。中國大陸經濟市場開放之後，在台生產的中國仿品不再搶手，喬裝成日本貨的陶瓷碗盤取而代之成為新寵，與鶯歌的許多同行一樣，清輝窯一度在和風紋飾的青花碗底打上「磁の燒」、「兆和」、「平和」、「御峰」字樣，擬仿異國風情與腔調。時至今日，坊間隨意組合漢字與平假名，以及以「の」取代「之」字的品名與產品敍述，這一類虛擬和風的販售手法在台灣市面上仍廣受歡迎。

一九七〇年代，謝東閔任省主席時大力提倡飲茶的習慣，再加上天仁茗茶、農復會的配和鼓吹，以及當時台灣經濟景氣的上升，台灣茶藝一時蔚為風尚，帶動了「老人茶具」的生產與風行。林正誠八〇年代初當完兵返家接業之時，發現同業做一批仿古青花茶具，杯底紛紛印上仿清朝年款的印篆，使用「釉中」技法，類似「清光緒十七年」字樣的貼花紙轉印於杯底，以一千度左右的高溫讓釉彩沉入，印出來的字樣朦朦朧朧，剛好符合「老件」的效果，隨便一只賣個一百塊，暢銷之至。當時，生意碗的生意已趨飽和，除了開發家用碗之外，林正誠也想試試做茶具，便如法炮製委託畫家客製一系列「貓熊茶具組」紋飾，圖中貓熊於中國古典庭園裡常見的湖石之上攀爬嬉戲，錯置的奇幻場景中穿插了梅花與竹影，投射出台灣人對「中國風」的豐滿想像。翻開這一系列不同大小杯底，有些打上仿印篆的「清輝窯」字樣，有些則直接書寫「Made in China」，風格與戳印皆仿得尷尬，沒想到一賣就賣超過一百萬件，出乎意料地廣受台灣民衆歡迎。

青花瓷全球化的爭霸史中，類似的仿製遊戲自古層出不窮。十四世紀開始，中國青花瓷的表現形式已經萌芽，青花繪飾技法在明朝宣德年間躍上顚峰，在朝廷領頭的強勢文化風潮下崛起成爲瓷器美學的新寵。到了十五世紀末期，陶匠甚至在器底冒寫宣德年款以提高產品價值[8]，足以見得其鋒頭與影響力之健。年代可以仿冒，產地亦可仿冒，風格的複製更是一場永無止息、反覆循環的接力影響賽。青花離開了中國，影響了日本的染付技法與泰國、越南的瓷繪風格，並於十七世紀大量輸出歐洲，近代青花式樣的演進，就是在世界時局變化中，以中國（尤以景德鎭）爲主要發散地，異文化群起效仿、互授、內化後的全球化成果。明末清初中國陷入動盪，嚴格的海禁與遷海令阻斷了中國青花瓷的外銷，海外青花瓷輸出國的主場發生互爲消長的激烈爭鬥，荷屬東印度公司馬上在日本、越南、波斯等地找到替代景德鎭的冒牌貨，日本趁虛而入，取代中國成爲輸入歐洲的陶瓷生產重鎮，仿製景德鎮風格的伊萬里磁器甚至僞造類似商標的記號，假冒中國製造印記，仿寫明萬曆或嘉靖年款。

如果走訪宜蘭的台灣碗盤博物館，可以在館內禮品區找到戰後兩岸貿易阻斷時期台灣海關扣押的中國景德鎮生產的青花碗，據說是先走私到東南亞再偷渡到台灣的貨，其底部不敢光明正大印上Made in China字樣，有些費心抹去「中國景德鎮製」紅印，有的印有Italy，有些則乾脆偷天換日印上Made in Thailand 字樣僞裝爲轉口國製造，風格是眞，身分是僞，明明是本尊卻以假亂眞地掩人耳目，在青花瓷的修煉廠裡，魚目混珠、虛實交錯的影分身四處流竄，反映的不只是市場偏執的喜好、流行文化的見異思遷，也見證了文化優位者無遠弗屆的影響力。

八〇年代尾聲，在林正誠當完兵加入家族事業後不久，中國大陸的經濟市場開放以及兩岸往來漸漸發揮效應，鶯歌傳統陶瓷產業已是強弩之末，量大成本低的大陸貨衝擊台灣產業，業者經常苦笑揶揄：「他們的麵包比麵粉還便宜。」不僅如此，一九七〇年左右，鋁與塑膠製品興起，取代了日用陶瓷市場，七〇年代以降，使用免洗餐具以防 B 型

肝炎的政府宣導也開始發揮影響力，加上人工洗碗成本升高，小吃業者開始大規模轉用保麗龍碗、美耐皿與紙碗，清輝窯的市場急遽萎縮，甚至一個月只能燒勉強燒三、四窯爐的食器，經歷了一段痛苦而青黃不接的時期，「國內的銷售有大小月，大月就是旺季，夏天是淡季，吃熱食的時候生意就比較好，淡季我們就燒起來放，」林正誠回憶。「阿輝伯仔的」光輝時代終於燃至盡頭，被迫走到終點，面對充滿不確定的未來，清輝窯再度站上了命運的十字路口。

清輝窯危急存亡之際，廣泛分布於民間小吃業界的清輝窯小吃碗仍繼續服役，一直要到二十一世紀初期，清輝窯的庫存小吃碗才眞正在通路上「售罄」。清輝窯從器皿製造業退場的這段期間，小吃業者同時有它們的命數，各自經歷了他們的關卡，有時痛苦掙扎，有時神采飛揚。以下便是在各城鎮中發生的故事。

**注釋**

1 蘇世德，《鶯歌製陶兩百年特展》，臺北：臺北縣立鶯歌陶瓷博物館，2004年，頁44。

2 臺北縣文獻委員會編印。亦可見：黃富三，《臺北縣鶯歌鎮陶瓷文化發展之研究》，板橋：臺北縣立文化中心，1990年。附錄六。

3 立石鐵臣，〈鶯歌の製陶工房〉十三，《民俗臺灣》第2卷第8期，臺北：東部書籍臺北支店，1942年8月，頁35。

4 當鶯歌漸漸有「品牌」概念，並且大量生產外銷產品後，新太源轉寫印刷公司的花紙技術成了窯場製造「品牌印記」的最佳幫手，因而蓬勃發展，一度成為東南亞這項專業的第一大廠。

5 釉下彩：碗盤坯胎素燒後飾以紋彩，再上透明釉，最後以高溫燒製，因有釉面保護，花樣不會褪色磨損。早期陶碗製作僅經歷一次燒成，現代製造過程則經歷素燒、施釉再燒的兩次燒成。

6 「三色仔」是上半部咖啡色、下半部米黃色，兩色相疊的日用餐具，是鶯歌長期外銷歐美的熱門產品。

7 徐文琴，〈1930-1950年代臺灣碗盤圖繪紋飾之研究〉，《臺灣文獻》季刊61卷第二期，2010年6月，頁116。

8 《青花瓷的故事》，頁209。

台南●中正路海安路口

# 好農家米糕：三角窗外的滄海桑田

……沙卡里巴

好農家米糕目前落腳於台南市南區的健康路，些微偏離了觀光客湧動的小吃核心戰區。這一帶顯得安靜許多，整條街只有好農家是老派小吃店，像一顆獨自運轉的行星，顯然做的是熟客的生意。

門口的招牌寫著「一九四六年創立」，商標是頭戴斗笠、挑著扁擔的笑臉攤商，扁擔後端挑著一桶虱目魚粥；扁擔前挑著一只飯鍋，鍋底細心繪上一圈象徵火炭的紅光，鍋身寫著「祖傳米糕」。

這個商標是好農家老闆葉俊麟所設計，大概也是他有限的認知裡，所能想像也最接近父親早年街頭叫賣的身影。葉俊麟的父親本名葉傚，起初執業賣的是愛玉，之後改賣虱目魚粥與米糕，沿街叫賣。不知道從什麼時候開始，人們開始稱呼這位賣米糕的先生「米糕榮仔」，沒有人知曉他的本名並沒有「榮」字。

戰爭剛結束，米糕榮仔的生意在一九四六年「落地生根」，因緣際會買下了一間三角窗位置的小店面，結束了漂泊的街頭叫賣生涯。那一年，他排行第四的兒子葉俊麟還沒出生。

一如早年許多遊走街頭的攤商，有了自己的店面後，米糕榮仔也沒有多費心起個店名，「好農家米糕」這個名號是數十年後四子成家接手父業後起的名字。米糕榮仔新買的三角窗店面並不大，大約只有兩坪的空間，卻足以撐起一家九口未來的生計，因爲它身處於魅力無遠弗屆的沙卡里巴之側，在中正路海安路口交叉的黃金路口。一旦安定下來，米糕榮仔一下子從沿街叫賣、無所寄託的小吃業邊緣位置，空降至台南小吃美食的宇宙核心，風生水起，無名小店亦能自成一方霸主，以老台南人對沙卡里巴美食的眷戀與鄉愁，小店也有了它的專屬位置。早年它沒有名號，老台南人就以「沙卡里巴旁」、「中正路海安路口」、「客運站斜對角」的米糕店稱呼之。彼時來客絡繹不絕，虱目魚粥也不必賣了，專心地做米糕，配料只有滷蛋、魯丸以及味噌湯。葉俊麟說，光是賣這幾樣簡單的東西，已是賣得「**削削叫**」(siah-siah-kiò，呱呱叫)。

米糕榮仔的無名米糕店位於中正路與海安路口東北角的三角窗位置，正對著台南最熱鬧的小吃集散中心「沙卡里巴」，這塊美食的競技場以手藝、食物的風華凝聚了老台南人對地方小吃最熱烈的執著。沙卡里巴是「盛り場」的日文發音，意思是人潮與店家眾多的繁華鬧區。在日治時期，台北、高雄與台南等都市都有這樣一塊由眾多小吃攤商聚集而成的「繁華地」，至今台南人仍以這個日文發音指稱台南這個具有特殊文化意義的空間。日治時期常駐南台灣的灣生作家新垣宏一不免俗地經常流連於台南沙卡里巴，他眼中的沙卡里巴「擔負著大眾簡易食堂的角色。這種便宜又吃得飽的飲食店，對民眾來說早已是不可或缺的存在[1]。」葉俊麟回憶起沙卡里巴的美食，比如他鍾愛的鼎邊銼、飯虎仔的飯桌仔(類似自助餐店)，眼睛裡閃著青春時代的光輝，如同許多老派的台南人，堅持這世間後來再也沒有出現比那時更好吃的飯桌仔、更好吃的小吃，沙卡里巴象徵著光采奪目、無可匹敵的味覺記憶。

台南在地小吃美食何其多，米糕爲經典之一，蒸得鬆軟卻保持彈性的長糯米上澆淋肉臊與滷汁，配上魚鬆與清爽漬菜，每一個環節滋味都講究工夫，吃到嘴裡層次分明，與油飯或筒仔米糕截然不同。外地人若把台南米糕誤認爲油飯或筒仔米糕，台南人的反應似乎都會有那麼一點替「台南米糕」受辱的意思。油飯與筒仔米糕在端上桌之前食材已融和完全，而一般認定的正宗台南米糕是講究現場組合的食物，新鮮澆淋的湯汁與肉臊、蓬鬆乾香的魚鬆，還有剛出籠粒粒分明的白糯米，都是米糕現吃的獨到味覺享受。

老派台南人的日常本來就偏愛「炊米糕」（又有一做法**燖米糕**，tīm-bí-ko，內鍋放食物、外鍋放水蒸煮之糯米飯），天寒或熱鬧的時候蒸米糕，似乎是生活中特別暖心的飲食記憶。來自台南佳里小鎮的醫師作家吳新榮留下的日記中，冬至或天氣稍寒，吳家便會炊米糕補冬，宴請朋友、家人團聚、送行之時，每每要殺雞燖一兩大鍋米糕以示珍重。某日防空訓練，深夜燈火管制，吳新榮仍摸黑徒步至市區，凌晨三點抵達朋友家，朋友之妻起床，招待他吃的不是別的，正是米糕。在那個時代氛圍裡，吃一碗米糕似乎替暗夜帶來了安慰，使被宴請的人也要特別尊重地記錄在日記上[2]。戰後，吳新榮過得辛苦，年關將近，恐怕藥廠追帳，過年時經濟緊迫，一思及此，他趕緊請妻子提早殺兩隻雞燖米糕「與大子小子吃一頓快樂」[3]，快樂也要趁早。米糕在台南百姓家竟有如此安定心神、表達隆重或帶來溫暖的複合功能與意義。

然而，即使喜愛米糕至此，吳新榮要吃「魯肉米糕」，還是要到台南市區[4]，顯然日治時期便有今日俗稱的「台南米糕」雛形，現代人所吃的台南米糕，看似是一款外食比家用更通行的小吃，也許是這款外食的米糕小點認眞製作起來甚爲勞神。

台南米糕店的肉臊風味各有所長，主導了米糕的主體味覺。視覺上，台南米糕看似簡單，然而光是做肉臊、炒魚鬆、蒸出理想的糯米飯這三項就是十分講究工夫而費勁的事。葉俊麟談做米糕的基本原則：「**米愛選長秫仔**（tn̂g-tsu̍t-á，長糯米），**用古米，炊起來較袂傷軟，新米炊起來傷爛，米糕愛粒**（lia̍p）**才會好食**。」以往，米糕榮仔與他的妻子一向在晚間提早浸泡隔日所需販售古米，凌晨三、四點鐘起來，待架在火盆上的盛水陶器水沸，架上桶底鑽有透氣孔的檜木炊斗（蒸桶），在桶內撐起一面布，將瀝乾的米傾置於布上，靠大火蒸氣將米蒸至近熟，但是蒸好了的米不能全部取出，到了店面後，每隔一段時間只取出少量糯米安置於柔軟透氣的**鹹草**（kiâm-tsháu，藺草）袋內，以火炭的微溫保持熱度，等到鹹草袋內的米量將盡再添補——這麼做是爲了維持米粒彈性與濕度，避免米粒久蒸而口感糜爛，又能避免糯米曝露在空氣中而變得乾硬。

到健康路的好農家吃一碗米糕，即能看見葉家在爐火旁設置的保溫鹹草袋，袋上以同樣能防止蒸氣濡濕米粒的木蓋掩上，鹹草袋以木架底座架高，方便取拿。鹹草袋旁的工作檯上，擺了一只靛藍大盤盛裝的**旗魚拊**（kî-hî-hú，旗魚鬆），魚拊底下覆蓋的圖案是一對釉下彩轉印貼花囍字龍鳳盤，寬大的龍鳳盤是葉家傳家之物，自米糕榮仔開業之時即有，骨董盤盛裝的是歷史，也是好農家米糕另一個不厭其煩維繫的老派工序：自炒魚拊。不假他人之手，這麼做能保持魚鬆的品質，讓米糕吃起來更清爽。有些業者爲了省事只買現成的魚鬆應付，某些現成的魚鬆添加豆粉降低成本，加了豆粉的魚鬆碰到肉臊汁容易沾黏成團，混和了米粒口感不佳[5]。時至今日，仍以鹹草袋保溫又自炒旗魚魚拊的米糕老店已少之又少。

米糕榮仔在中正路海安路口開業之時，每碗米糕要價兩角，裝盛的陶碗只有十二公分的寬幅，小而淺，碗緣內側飾以兩圈手繪釉下彩藍線，碗底印有鏤空「福」字。舊時代的台南小吃講究吃得巧，這樣的習慣表現容器的形態上。吳新榮在日記中提及到「盛り場」或西市場等當年的美食集散地飲食，不講「食小吃」，而說「食點心」，是為有別於以果腹爲目的之正餐，講究的是品嘗，既然是小點，不要求器皿廣深，可以吃完再吃，東品西嘗。台南小吃經典之一的擔仔麵，亦是以小著稱，新垣宏一描述台南沙卡里巴場景的時候，特別提到台南傳統擔仔麵的特徵：「首先一定是在晚上才營業，座位非常小，連膝蓋都快擠不進去了。在微弱的燈影下，顧客與老闆面對面坐著的情景，可說是相當奇特。一小撮的台灣麵條淋上高湯，豬肉、蝦肉切碎滷過後澆在麵上當作配料。雖然相當簡單，但卻非常好吃。由於一碗的分量很少，顧客都會吃好幾碗，據說最高紀錄是吃了二十幾碗[6]。」雖然米糕客人並無法因爲吃得停不下來而連吃二十幾碗米糕，但是好農家米糕店現址的牆上有一名昔日老顧客「蘇大頭」留言：「記得初中時，用便當盒裝好農家米糕，第二節下課就偷吃光光。」這位客人每次一個便當盒裝兩碗，加一個滷蛋，一個魯丸。

此後物價上漲，米糕榮仔的無名小店每碗米糕漲為五塊，食器汰換為一款折腰小吃碗，碗徑也小但略深，接近碗口的碗緣擴大，有曲折腰身，碗外飾以手繪釉下彩藍線、胭脂紅花與寫意綠葉。時至八〇年代，米糕每碗漲為二十五元，葉家的米糕碗進一步汰換為清輝窯的小吃碗，這時候的清輝窯瓷碗口徑更大，約十四公分——人們對於「小吃」內容量的期待已經隨著時代而膨脹。現今，好農家米糕的生意有一大半由外帶族群所支撐，外帶米糕的便當容量，早已顛覆了傳統點心的概念。葉俊麟至今仍珍藏著父親所留下來的最後一只陶製福字碗、第二代的胭脂紅折腰碗，後期倖存的清輝窯瓷碗至今仍在攤子上服役，對器皿的珍重，讓古遠的故事留下了一點指認的方向。此後，在訴求簡便的文化洪流之中，好農家米糕一直維持使用陶瓷器皿的習慣。

米糕榮仔的米糕店生意鼎盛時期，米糕榮仔與弟弟合作，哥哥做早場至下午一點左右的生意，弟弟接手做晚場。米糕生意方興未艾，葉做卻於一九六四年早逝，留下了七個孩子與中正路海安路口的三角窗生意，由妻子接業。為母則強，葉俊麟經常提起母親

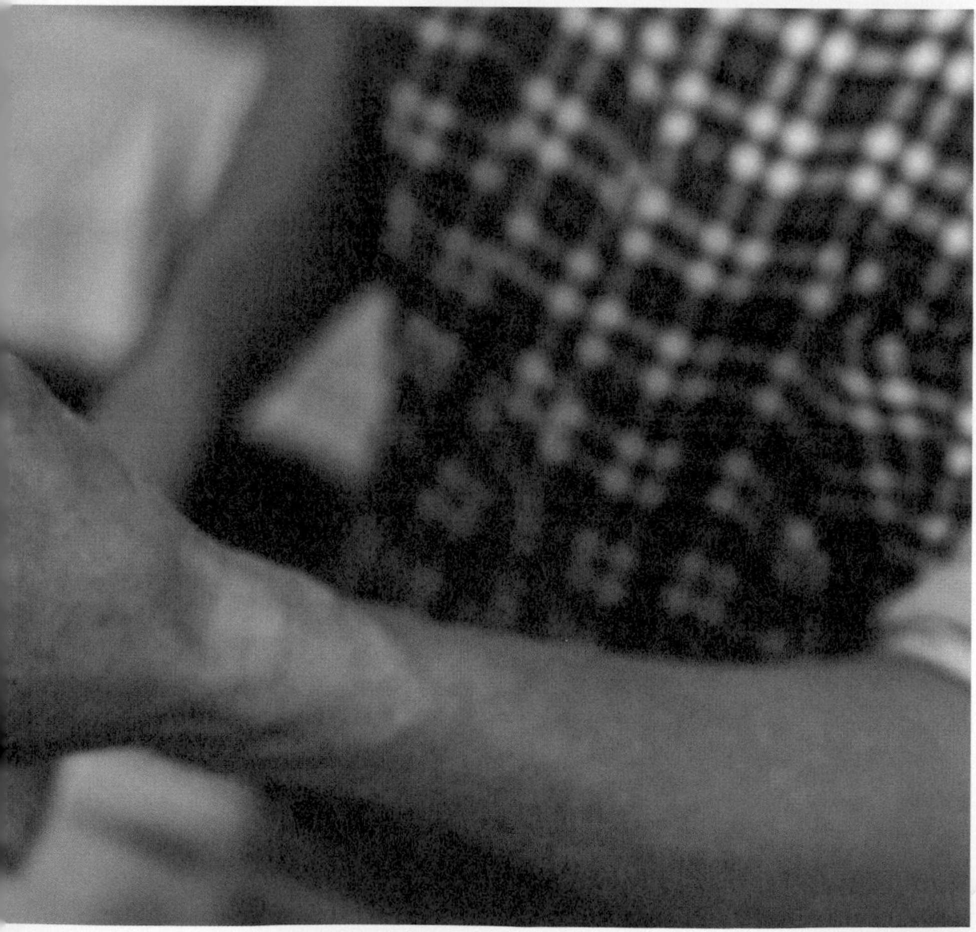

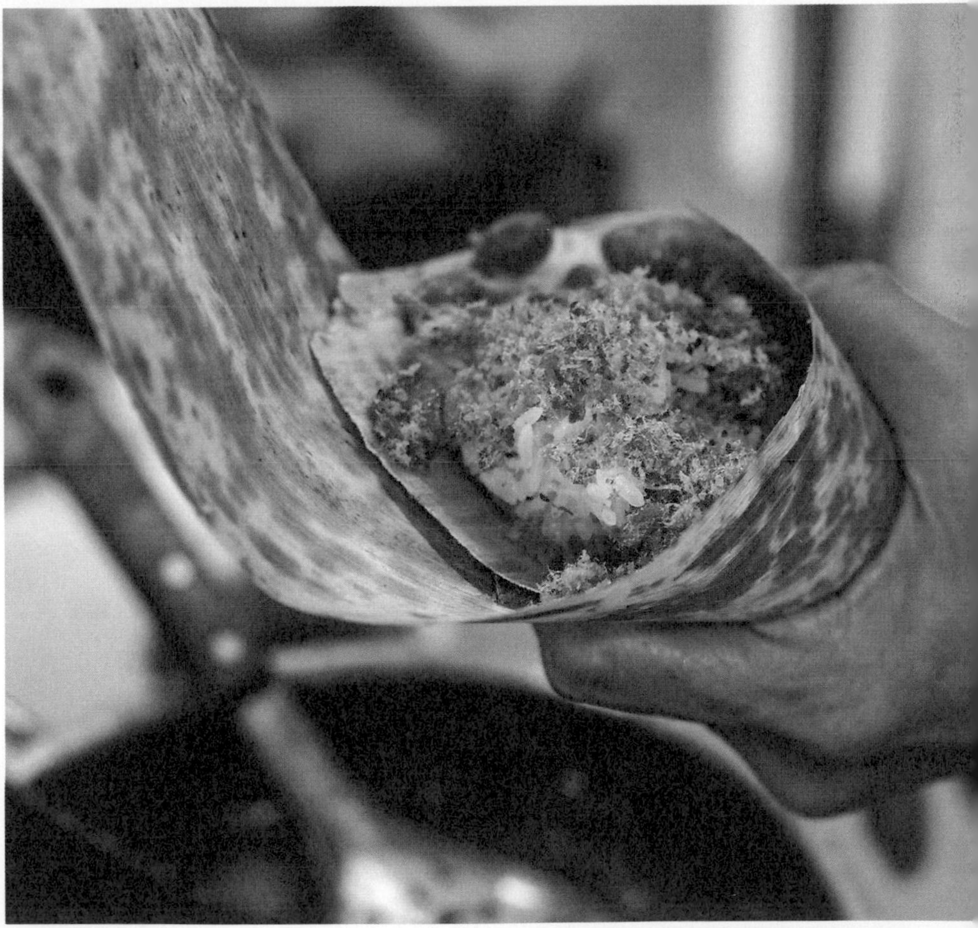

的勤奮，他說母親一年大概只休假四天，過年並無年假，因為沙卡里巴過年時的人潮更盛，騎樓底下摩肩擦踵，生意更不得閒。葉家三角窗的店面小，所有的食材前置作業都必須在家中先行完成，他對母親最深刻的記憶是每日凌晨剛破曉，即推著兩輪推車走兩公里到海安路中正路口。米糕量大，需分兩車載負，葉家兄弟們長大後日日協助母親推一大一小的兩輛推車到店裡，大車載米糕與肉臊，小車載米糕與味噌湯，一兩百斤的重量推起來極其吃力，有時候遇到颱風天或路面坑洞，偶爾車倒翻覆，倒的是一地心血。葉俊麟敍述的時候口吻平靜，談及以往，卻經常重複描述這段挫折的場景。

順利來到了中正路海安路口，在沙卡里巴的光環下，做出特色的小吃攤獲得發光發熱的舞台並不困難。儘管只是賣早場，葉家的孩子只要沒上學的時候就必須應援生意，一日要剝幾百顆蛋做滷蛋，魯丸要滷十斤，五、六歲就得幫忙洗碗，要到十歲才「獲准」幫忙盛米糕。小孩意識到身負重任，「盛的時候手會抖，」葉俊麟笑言。盛米糕的流程講究既定的節奏與食材比例，一開始須拿竹子做的「竹爪」飯匙鬆動米山，掀開藺草籃上的覆蓋巾，將竹爪從防沾黏的清水中取出，將米粒挑鬆入碗，疊高米糕，取以綁附在長竹片上的鐵匙舀盛肉臊。淋一圈恰好的肉汁，放一些煮軟的花生，再挑鬆魚拊添至米糕上，在另一側放置一小把醃製過的小黃瓜薄片，最後上桌前拿乾淨抹布將碗轉個圈擦拭乾淨，這才大功告成。現在，葉俊麟的米糕上增添了一朵小香菇，他習慣在將小香菇浸一下肉臊汁放在米糕上，再送到客人手中，多了那一朵油光豐潤的小香菇，米糕看起來更立體了。

或許是爲了謹愼，葉家的孩子十五歲後，大人才讓孩子幫忙以**箬仔**（háh-á，粽葉）協助打包外帶。早年沒有塑膠袋，一律使用箬仔綑紮，只不過外帶粽葉米糕是事先將調製好的肉臊米糕以粽葉包起，先將米糕放置碗中，添上配料後置入手卷狀的箬仔，最後將一端的葉尖收入折縫收口，不似一般粽子以綁繩捆束，完成後再裹上外層的報紙讓客人外帶，造型更像竹葉包覆的三角飯糰。舊時代生意習慣時至今日進化爲台南米糕店的隱藏版粽葉米糕，是因應市場需求演化過的米糕品種，外帶粽葉版不像現場吃的米糕那麼鬆軟，拆開後的米糕具體成形並紮實吸附了醬汁配料香氣，密實封存的手法更方便長途旅行或冰箱儲藏。

「當時沙卡里巴四、五點人就很多，我們斜對面有客運，二十四小時都很熱鬧，菜市場四、五點已經很多人在吃，以前的農業社會，大家很早起床、很早上工、很早吃飯。」葉俊麟憶及。沙卡里巴風光超過一甲子，它的熱鬧不僅僅是交通樞紐的賜福，也不僅僅只是人們早起吃飯，而是當年大時代的推波助瀾下，它所身處的環境使它獲得站上浪尖的高度。如果回到那個中正路海安路口的無名米糕店，環顧三角窗現場，有一件事可以佐證當年的那個位置如何爲它聚攏了人潮，獲得了聚光燈的效果——店內空間狹隘，但一整面牆張貼了滿滿的院線電影海報，全都是臨近的八家電影院爲了宣傳而寄放，貼一張葉家就能獲得一張電影招待券，電影下檔就會換新的海報，那一面牆等同於二十一世紀的電子廣告牆，最新的電影在此亮相，無限輪迴。不僅如此，無名米糕店連自己的店招都沒有，卻額外在店門口上方懸掛了一方大型海報看板替隔街當紅的赤崁戲院院線片做廣告，戲院定期租用這個看板，以手繪看板宣傳大片，一個檔期除了支付金額不小的看板租金，另外附贈葉家五十張電影招待券。這樣算下來，電影院等於葉家孩子的後花園，每一個月葉家收到的電影招待券可以看遍沙卡里巴周邊的所有電影院。問及葉俊麟現在還看不看電影，他說不看啦，年輕時候看夠了，以前電影招待券多到看不完，還能以打折價轉賣給客人呢。

在吳新榮留下的日記記載中，除了可以看見台南民間熱中於吃米糕的日常，還得以看到他進市區的活動紀錄，他時常攜家帶眷或與朋友相約到沙卡里巴四周的戲院看電影，看了電影幾乎都會順道在臨近的沙卡里巴享用鱔魚米粉、烏龍麵、鴨麵、當歸鴨、蚵仔湯、大草蝦，吃芒果、喝四果茶，偶爾還玩玩彈珠檯[7]。他經常前往看電影的「世界館」（戰後改名「世界戲院」）、大全成戲院、小全成戲院（現今的「今日戲院」）、王子戲院、王后戲院、赤崁戲院（日治時期的「新戎館」）、南都戲院一字排開，全數在中正路上，與西市場旁的延平戲院（日治時期的「宮古座」）串聯成陣，前前後後簇擁米糕榮仔的米糕店，三角窗店面與上述所有電影院相距不超過百尺距離，王子戲院、王后戲院甚至同時存在於一棟大樓（昔日合作大樓）之內，再多走百步，沙卡里巴南側的友愛街上同樣戲院連綿，戰後中正路商圈有「電影里」的美名，與台北西門町的「電影街」南北遙相輝映[8]。

都市發展的過程中，一個地區戲院的繁盛程度相當程度地反映了當地商業鼎盛的程度。不過，如果時光倒轉至二十世紀初期，中正路海安路口這個位置絲毫稱不上繁華，甚至可以說荒涼，所謂的「路口」當時並不存在，這是因爲清領時期的府城鬧區發展往西止於西門一帶，一直到一九二九年之前都還是無法踏足的魚塭與濕地。

一九〇五年，日本政府在舊城牆西側的西門町建造了當時南台灣最大的「西市場」（也就是當地人俗稱的「大菜市」，距離後來米糕榮仔的店面僅一個街口的距離），新建的西市場雖然熱鬧，但是它的西南側面對著的是遼闊的水澤一片，未來的沙卡里巴仍是空中樓閣。在大菜市興建完成的同一個時期，一九〇五年至一九一六年台南市區最受歡迎的戲院[9]，全數聚集在西市場北側的西門町一丁目（今西門圓環一帶）與錦町三丁目（今民生路一段）。

一直到一九二六年，台南運河建設完成，配合市區改正計畫，今日民生綠園圓環以西的中正路（昔日的末廣町通）成爲娛樂發展重心，日治時期末廣町以西的區塊翻轉爲新興商業區，兩年後，魚塭水澤塡爲平地，西市場西南側的田町街廓漸次成形，新設立的戲院如世界館、（新）戎館[10]紛紛在此插旗營業，以昭和摩登的現代風情爲號召，與有「台南銀座」之稱的末廣町連結成重要的商業軸線，一九三六年十一月出版的《臺灣公論》雜誌封面繪製的「文化の極致臺南銀座街」（今中正路）以一九三二年開幕的林百貨爲前景，精選沿街的地標建築、娛樂產業繪製成圖，世界館、（新）戎館皆名列其中，此時台南銀座通尾端的沙卡里巴已從平地竄起，爲日本政府指定的娛樂場，成爲攤商群聚、美食愛好者的新樂園。

從一九二六年的荒地，晉身爲一九三六年「文化の極致臺南銀座街」之一環，最後成爲一九四六年中正路與海安路口商機無限的無名米糕店，這短短的二十年之間，那兩坪大的三角窗腹地是眞正地經歷了滄海桑田。

葉家的么兒葉俊麟專科念的是電機，畢業後在高雄華美電子上班，然而因爲前面三位兄長都沒有意願接下老家生意，母親說服他，「**食頭路是死錢，這生理已經穩定，做這較好。**」葉俊麟坐辦公桌不到一年，一九七七年旋即返回台南接下家業，正式將店名取名

《臺灣公論》第一卷第十一號，1936年。（擷取自國立臺灣圖書館日治時期期刊影像系統）

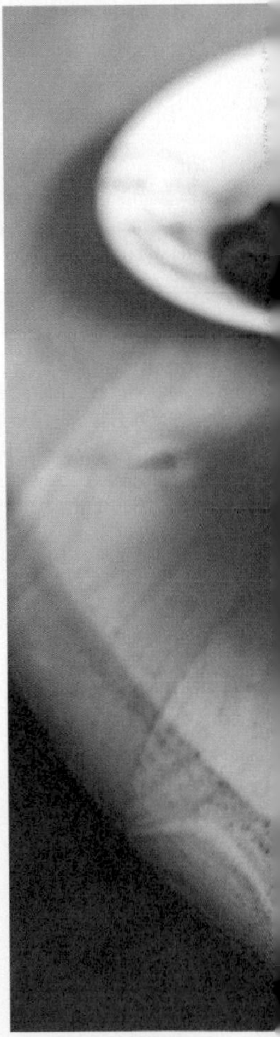

爲「好農家米糕」，起這個名字單純是因爲「糯米爲農夫辛苦耕種，有尊天敬地之意」。

好農家米糕順應時代做了一些改變，湯品與配菜選擇變得豐富，自行研發的四神湯濃且配料豐沛，干貝白菜滷十分貴氣，但不搶鋒頭，現場點一碗米糕配上幾碟小菜與一碗湯，滋味層次分明卻出奇地融洽，特別能感受到早年老台南人「食點心」的那種巧妙與滿足。老闆建議顧客品嘗米糕的時候要加他委託中藥行特別調製的昂貴胡椒粉，他指著牆面上一位老外遊客以英文留下的讚美，笑說此人在他的建議下加了胡椒，之後連續三天來吃米糕，在牆上寫：Excellent! Great food, Great hosts!

早年傳統肉臊會經過數個月的熟成工序，肉臊放入甕擺在陰涼的地方，待肉臊表面生出一層薄薄的白色菌膜才開封重新熬煮，那些肉臊一甕甕堆疊豎立牆邊（因此名爲**徛臊**，khiā-sò），葉家的徛臊最多一次做十二甕，「徛」兩排。開封之日滿店生香，香氣馥郁濃沉，葉俊麟回憶起來，閃現光采的神情，彷彿回到孩提時期的現場，連聲讚嘆：「喔好香好香！」製作徛臊的老甕仍放在攤位上，只不過昔日的任務已完結，現在權充爲墊高魚捔盤的高台，隱身於幕後，製作徛臊這道費時的工序已在歲月的沖蝕中脫落，即使是堅持傳統的老台南人，也只能在各種考量下與之告別，好農家也不例外。

好農家米糕離開了當年「文化の極致臺南銀座街」之後，中正路昔日新潮的電影院聚落也煙消雲散，現今僅存今日戲院。輾轉換過幾次店址，好農家米糕今日安安靜靜地在南區的健康路上，耐性地做昔日的功課。中正路海安路時代的老顧客許多已兒孫成群，好農家米糕搬家過幾次，老顧客總能循跡而來再續前緣。

如今，雖然已來到可以傳承的年歲，葉俊麟與妻子卻坦言，應該就做到他們這代，孩子有自己穩定的工作，對這一行沒興趣。

一九九二年，台南市府執行海安路拓寬為四十米並建構地下街的都市計畫，拆除周邊民宅與商家，沙卡里巴攔腰折損。日治時期海安路的拓寬計畫已存，但二十世紀末的海安路計畫不只橫向拓寬並向下拓展，意圖打造地下街，此後弊案不斷，施工期程斷斷續續塵土飛揚長達十年。沙卡里巴本是一個「臨時」的攤販集中區，有很大一部分空間都建造在計畫道路上，雖然這個「臨時」場域因為都市計畫的延宕而存在了超過六十年的時光，但因為「被拆遷」的符咒一直都在，它的建築使用的是非永久性的構造，屢次受到祝

融之災[11]，在八〇年代已顯衰態。

世紀之交，「盛り場」的老攤商如炫麗過一甲子的煙火正式四散各處，沙卡里巴現場再也不復上個世紀的盛景。在大刀闊斧的都市建設中，應聲樓塌的還有米糕榮仔的那間三角窗小店，這曾經熱力四射的歷史光點，起過了樓，宴過了賓客，時代讓它歸零，回到塵土，消失在怪手揚起的歷史煙霾之中，只留下好農家米糕的舌尖餘韻，在遠處遙指昨日風雲。

好農家米糕
台南市南區健康路二段66號

注釋

1 新垣宏一，〈盛り場〉，《臺灣繪本》，臺北：財團法人東亞旅行社臺北支社，1943年1月8日。譯者：張紹仁。

2 吳新榮，《吳新榮日記》，1942年9月12日、1945年2月4日、1956年2月18日、1959年1月23日、1959年2月7日、1961年11月26日、1962年12月22日、1964年12月22日、1964年12月28日，臺南：國立臺灣文學館，2007年。

3 《吳新榮日記》，1964年12月31日。

4 《吳新榮日記》，1939年4月1日1961年3月24日。

5 黃婉玲，〈米糕〉，《一碗肉臊飯：臺灣小吃裡的肉臊飯學問與時代記憶》，臺北：初色文化，2019。

6 新垣宏一，〈盛り場〉。

7 吳新榮，《吳新榮日記》，1938年1月1日、1940年7月27日、1940年10月28日、1940年10月15日、1940年12月15日、1941年1月22日、1941年4月20日、1941年9月27日、1943年6月4日、1955年2月20日、1965年1月11日。

8 王振愷，《大井頭放電影：臺南全美戲院》，臺北：遠足文化，2021年，頁82。

9 南座（1908-1928）與大舞台（1911-1945）位於西門町，臺南座（1903?-1915）、戎座（1912-1933）與新泉座（1915-1924）位於錦町。參見厲復平所著《府城．戲影．寫真：日治時期臺南市商業戲院》，臺北：獨立作家，2017年。

10 （新）戎館為舊戎座老舊後另外擇地開設的新戲院，位於今黑橋牌中正店，戰後改名為赤崁戲院。為了與早年台南日式戲院做出文化調性的區隔，新戲院不再以「座」為戲院名，改以標舉以映畫放映為主要節目類型的「館」稱之，除了世界館之外，「戎座」新館亦改名為「戎館」。參見厲復平

《府城．戲影．寫真》的〈結論〉章節。

11 黃衍明，〈再見沙卡里巴〉，《自立早報》，1993年11月23日，19版。

# 艋舺夜巡：時髦珈琲屋到甜湯鋪

……阿猜嬤甜湯

如果散步到台北市的貴陽街與華西街北段交叉口，不難發現一排窄瘦的二層樓紅磚連棟洋房，洋房一樓前路邊攤陣列，路邊攤中段正是阿猜嬤甜湯鋪。華西街這一頭褪去了Snake Alley的騷動，多了一點家常的恬靜。走近阿猜嬤攤檯，角落一架不顯眼的老收音機常年播放FM99.7，音量低沉，正好陪檯後主人燉湯、檯前客人呷甜。

此時，如果找張板凳坐下，點一碗紅豆米糕粥，香甜軟糯的湯盛裝好，老闆會簡單詢問需不需要加米酒，獲得首肯，便執小瓶在碗中輕輕一點，綴上酒香，像某種引人入勝的古老儀式。粥糜與紅豆湯，金棕與硃紅的色塊端在巴掌大的青花瓷碗裡，顯得特別好看，幾乎貴氣，即便是這樣的家常小吃。盛粥的青花碗內上緣綴有一圈藍線，外身印有青花和式圖騰，碗身斜直，不似大多數的生意碗有弧線腰身，分明是清輝窯早期的產品。

如果器皿足以顯現一家店的身世，阿猜嬤用過的食器羅列排開，幾乎是台灣小吃碗的濃縮進化史。對於熟識清輝窯生意碗的人來說，阿猜嬤甜湯鋪讓人印象深刻，除了數十年前的老碗至今完好無缺地繼續服役，偶爾還能見到不同時期、碗底無印的早期清輝窯福字碗、牡丹碗，充分展現主人的惜物之情。

來阿猜嬤喝甜湯的人都記得，店內檯面擺了兩只醒目的早期厚胚藍釉大盤，檯面妝點得熱鬧，老闆說其中一只是家傳之物，另一只是在剝皮寮一帶逛賊仔市所購得。兩只盤子分別盛裝宜蘭花生、萬丹紅豆，放在檯面上也算是另一種提示，若能懂得，一看就能明白食材的身家；若不懂，藉機一問也無妨。

有身世的豈止碗盤與花生紅豆？在艋舺，如果願意一探究竟，似乎有說不完的故事。阿猜嬤甜湯鋪第二代經營者柯得隆是正港艋舺人，信手拈來盡是艋舺與小吃文化的來歷，故事細節充滿庶民生活的人性與氣味。留著山羊鬍的他是新世紀的斜槓阿伯，大半生做小吃，當過銀行員，喜歡街拍並參與地方文史工作，也喜歡起個大早慢條斯理地備料，讓甜湯慢慢熬。

對艋舺與小吃文化的熟稔，除了來自於柯得隆懂得探究現象、觀察市井的性格，更多來自於他的成長背景。艋舺與華西街的時代變遷、柯家漫長的小吃攤生涯，構成他成長背景中並行的兩條重要軸線，身為柯家次子的「阿隆」從出生開始，注定是時代與地方風雲的見證者。

阿猜嬤甜湯的店址正巧位於艋舺的起點，這麼說並非文學譬喻，有確切的地理依據。自從清朝泉州三邑（晉江、南安、惠安）人移居大溪口（今貴陽街近環河南路），台北市的拓荒史隨之展開，艋舺晉身台灣貿易樞紐的前景奠基於此。初期漢人與淡水河上游的原住民以物易物，河岸群舟匯集，通往港口的市街應運而生，艋舺與台北市最早出現的市街就在今日阿猜嬤店址旁的貴陽街一帶，貴陽街因而有「台北第一街」之稱。乾隆時期，通往淡水河碼頭的大溪口街、番薯市街（日治時期改名為「歡慈市街」[1]，今貴陽街二段西側）已是車水馬龍、店鋪夾道，郊行、船頭行林立。

港埠多春色，艋舺繁盛後，娼樓、酒館也順勢勃發。清末，船夫與碼頭工人落腳、尋芳的「凹斛仔」（今桂林路底水門外河岸以東，早年的一條彎曲小巷）艷名遠播。日治時期，爲了集中列管，在歡慈市街附近劃定「遊廓」風化區（今桂林路以北、西園路以西，集中於貴陽街與華西街兩側），日本人經營的貸座敷（藝日間、娼館）匯聚於此，盛極一時。

阿猜嬤甜湯鋪所在的紅磚洋房隔壁（今貴陽街與華西街口）正是遊廓內被歸類爲第一流的高級貸座敷「新高樓」。這幢歇山式挑高屋頂日式建築極爲醒目，早年與「芳明館」戲院同爲華西街北段最爲人所熟知的氣派地標。阿猜嬤甜湯鋪所在的紅磚洋樓落成於一九二七年（昭和二年），沿襲了大正年間西化風潮下催生的紅磚建築工法，亭仔腳磚砌圓柱、十字鏤空女兒牆、修長的幾何窗框跳脫傳統，建築形式與當時四周的日式木造貸座敷有顯著的風格區別，和洋台融合的風格站在流行前線，反映了大正、昭和文化銜接時期在台灣都會區吹起的「摩登」流行，同時也爲這棟洋樓最初經營的「カフヱー友鶴」酒家型珈琲屋留下時代注腳。

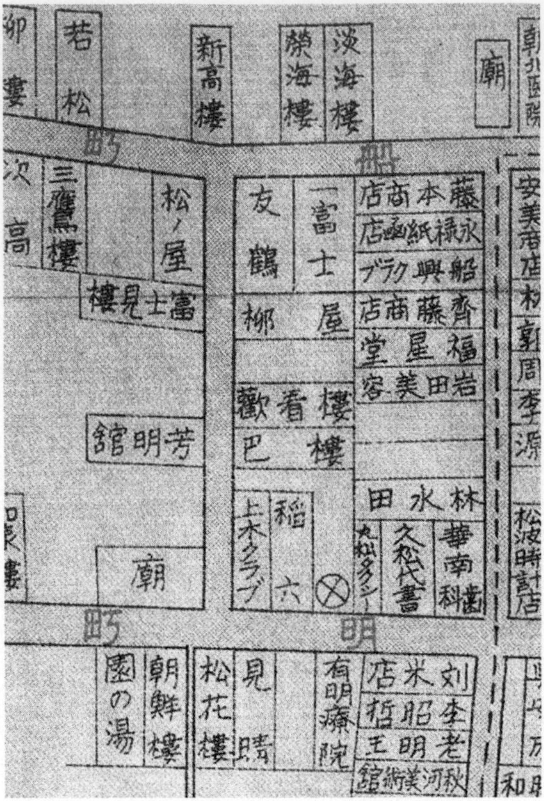


上｜〈臺灣博覽會記念臺北市街圖〉，1935。

左｜華西街面貴陽街口「新高樓」，右側西式磚樓為「カフヱー友鶴」。（民國二十年艋舺遊廓，臺北市立文獻館提供）

カフヱー（同寫法「カフェー」）爲法文Café的日本外來語，中文譯作「珈琲屋」，友鶴爲昭和初期台北人氣鼎旺的時髦珈琲屋之一，打著「料理食材新鮮，女侍服務親切，以客爲尊」的旗幟[2]，一樓設置普通食堂，二樓供應酒水與道地江戶前壽司與和食料理，凌晨三點之前還能外送餐飲[3]，在艋舺當地是首屈一指的珈琲屋。彼時的珈琲屋擅長以強烈的空間設置吸引顧客，通常坐落於現代化建築內，裝潢摩登，專門聘用亮麗女給[4]招攬顧客，提供一些挑逗性的陪侍服務，雖然沒有肉體交易，卻是販賣戀愛夢的溫柔鄉[5]。

友鶴是否也如當年許多台灣時髦珈琲屋一樣裝設彩繪玻璃或蕾絲窗簾呢？現場洋風情調與裝潢細節已不可考，徒留想像，但是根據各種文獻對當時台灣珈琲屋的描繪，走進當時艋舺遊廓最摩登的潮店友鶴，即使內部空間並不高挑，大概少不了五彩繽紛的間接光源，也許天花

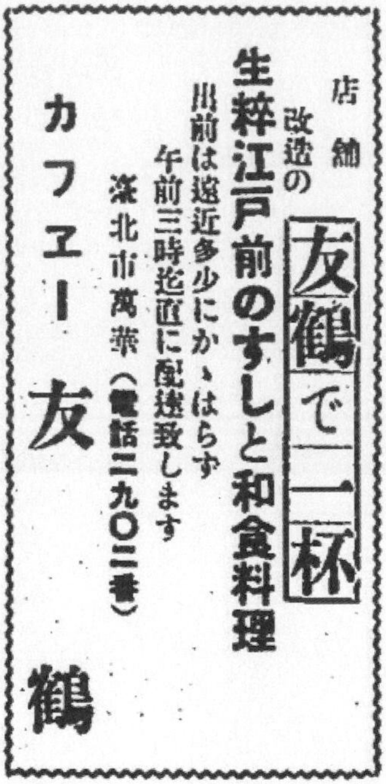


在店鋪翻修後的/友鶴喝一杯/道地江戶前壽司與和食料理/無論遠近或份量多寡，均可外送。/凌晨三點前都將會儘速派送（張紹仁譯）。

板夾層鑲嵌了彩色電火球，或者配置了塗上顏色的華麗吊燈，可能還鋪上精美壁紙，光線幽暗卻富麗，半開放式的矮屏風隔成簡易包廂，擺了一些西式桌椅，周遭散置著營造南國氛圍的植栽或花瓶，某個角落也許設置了洋酒架與吧檯，營造休閒洋風的唱機則盡職地播放著爵士等輕音樂，音樂背景中穿插著顧客與女給們調笑的聲浪，一時興起可能還雙雙對對摟著腰跳起交際舞[6]呢。

珈琲屋在台灣最時興的時候，娛樂媒體經常刊登明查暗訪珈琲屋的小道消息，一九三六年《臺灣藝術新報》刊登了一整版關於カフヱー界的情報，下的標題雖然是〈台北市的話題焦點：珈琲業者群起反對衆所矚目的歡興稅問題〉，但內文夾雜風花雪月的趣談，包括一小段關於友鶴珈琲屋的現場直擊報導：

過了凌晨兩點後還能夠悠閒喝東西的店，大概就只有萬華的友鶴了。客人來到友鶴之前，大多已經先去不少地方喝過，醉意不淺。會從剛入夜就開始喝的人，大概也只有那些換上浴衣、風流成性的傢伙了吧。這間店有位名叫〇〇子的女性，年約二十出頭，穿著洋裝，會不停向客人勸酒，但她自己也相當會喝。每次她一開始喝酒，就會跨坐在男人大腿上，開始摩蹭對方腰部，並抱住對方身體。如果遇到年輕又帥氣的摩登男子，便更加殷勤，客人上下其手ＯＫ，△△也ＯＫ。據說之前總督府的官員在這裡也大受歡迎。原本想說其他客人怎麼沒有因此感到生氣，結果才發現竟然跑進了廁所，而且還是女廁所，兩個人緊緊抱在一起。雖然附近正吹起了一陣情色之風，但這樣也太離譜了吧。或許這是一種暗示，要先讓客人在這間店興奮起來，再到其他方便的地方去吧。特以此文通知自認是摩登男子或情色獵手，現在還有這種地方可以去。[7]

根據這段特地用△△等代號馬賽克情慾字眼的八卦新聞，友鶴雖然販售和食，珈琲屋的女給卻衣著洋派，夜店內部估計採用半開放的隔間，可以看到他人動靜。

華西街最著名的「夜巡」，除了早年三更半夜酒過三巡的那種，最知名還包括青山王祭的「暗訪」傳統。坐落於華西街與貴陽街口轉角的友鶴，安坐於風塵與神聖的交界處，識過煙花，也最接近神祉。

如果從阿猜嬤甜湯鋪出發，沿著貴陽街往東走幾步，很快便能抵達艋舺青山宮，還沒入廟就能看見守護在三川殿前、長相憨厚可愛而俗稱「日本獅」的一對狛犬，牠們是日治時期青山宮新建時安置的神獸。狛犬爲日本神社寺廟的守護獸，口型一阿（張嘴）一吽（閉口），尾巴筍狀直立，有摺耳，無性別之分，青山宮前神獸卻受台灣石獅子風格影響，有性徵之別。阿隆偶爾來青山宮，走到張嘴的石獸前，習慣性地伸到狛犬口裡，他說，張嘴的狛犬嘴裡本來有一顆取不出來的圓石，小時候他和附近的孩子都喜歡伸進嘴裡摩娑那顆圓石，不知道那顆圓石是不是被愈摸愈小，最後終於被盜走，現在神獸嘴裡放的是一顆凹凸不平的怪石。

耐人尋味的是，還沒有進廟，只要抬頭一望，即能看到右翼虎門上刻了金色的「カフエー三仙樓」[8]字樣，入廟後，右翼牆面一幅生動的母子虎浮雕右書「龍遊酒家」、左書「女給一同敬奉」金字，留下日治時期珈琲屋與酒家共襄盛舉修繕宗教中心的紀錄，一方面顯現珈琲屋、酒家與女給們在當地的得力背景，在廟堂之上毫不扭捏地與各行各業共進退，這是當年艋舺限定的氣派，另一方面也顯示青山宮於艋舺遊廓一帶的重要宗教地位，並且扮演當時遊廓女性工作者的精神寄託角色。

阿隆的祖父曾是青山宮鳳音社一員，他來自泉州晉江，在阿隆父親九歲時舉家渡台，落腳艋舺「後菜園」（今中興橋東南側角頭），後遷居媽祖宮口（今貴陽街、西園路口）。移居台灣後，阿隆的祖父經常流連於青山宮鳳音社，由妻子獨自擺攤肩起家計，柯家子孫因此對青山宮的宗教祭典保持疏淡態度。在地理位置上，青山宮不可避免地與柯家過從甚密，也成了柯家孩子的遊樂場；在形式上，柯家近代有意地與青山宮的活動保持距離。距離阿猜嬤甜湯店不過百步之遙的青山宮，至今每年秋末冬初的農曆十月皆辦理青山王祭典，與大稻埕霞海城隍廟五月的祭典並列為台北最盛大而古老的繞境傳統，也是凝聚艋舺地方力量的重要儀式，無論信神與否，青山宮二十、二十一日的暗訪繞境由王爺率領眾神眾人細細踏過南北萬華的街巷，有跨越陰陽界、消災解難的用意，華西街為暗訪繞境必經之路。為了籌備祭典，廟方早早在龍柱掛出「風雨免朝」虎頭牌，特准主司風雨的風伯、雨師免來朝拜覲，祈願繞境日無風無雨，並在繞境途經之處沿路張貼香條公告。

祭典前一日，清水巖清水祖師、艋舺龍山寺觀音佛祖、西門町天后宮（原艋舺新興宮）天上聖母與閤艋神尊等「客神」（王爺的舊識與鄰居）至青山宮看戲、觀禮。通常在暗訪次日，由青山宮的八將陣頭為首的各方陣頭連綿不斷，炮陣響鬧喧囂不絕，這一日若到阿猜嬤攤前喝湯，即能進入鞭炮陣迷霧、神靈重兵過境的魔幻情境，紅紙炮屑、神話簇擁，或許還能從神兵神將的手中分得一圈鹹光餅，那是來自神境、來自歷史、寄託平安的信物。庚子年（二〇二〇年）適逢青山宮建廟一百六十五年，青山宮特別邀請北港媽祖北上參與繞境，距離北港媽祖與青山尊王上一次的相遇時隔八十五年[9]，人潮更是盛況空前，午後，來自全台的香客往往將貴陽街擠得水泄不通，一如以往，阿猜嬤甜湯在祭典期間總是提早備料開業。

庚子年暗訪第二日下午，身穿紅衣、頭戴斗笠、單腳著草鞋、頸上掛著一串鹹光餅的「報馬仔」敲著鑼，率領長長的繞境隊伍從青山宮出發，拐個彎進入華西街，駕前軒社偕同七爺八爺，文武判官、八將與王爺來了，從阿猜嬤甜湯鋪面前喧騰而過。喝甜湯的人客坐滿阿猜嬤攤前，靜靜地看鬧熱，一名婦人接過八將遞來的鹹光餅，送給了攤前的一名孩子。人神之間，陰陽兩界，此刻似乎不再邊際分明。阿隆與兒子在攤前忙碌，妻子趁空檔持著一根鐵調羹剔花生，細細地剔除一盤花生仁上的缺角，爲花生湯備料，無暇顧及眼前神的列陣。傍晚，阿猜嬤甜湯鋪的品項提早售罄，提早打烊。

艋舺青山宮
恭祝靈安尊王千秋
國泰民安

一九五六年左右，柯家搬入華西街的紅磚街屋，位於番薯市的柯家人與淡水河的關係依然緊密，然而時代風捲殘雲，昔日艋舺依港而富的繁華黯然消褪，入船町[10]內的新高樓人去樓空，友鶴珈琲屋轉身成爲食指浩繁勞動家庭的居所，芳明館不再放映二輪默片，唯有凹斛仔由日名「有明町」編入「寶斗里」，接續風月場所的歷史前塵。

阿隆並不知道自家曾經是鶯聲燕語的時髦「カフェー友鶴」，在他的童年記憶中，這一排的紅磚老屋已經被拆分爲許多戶人家，小時候，二樓臨街通鋪不到三坪大的空間擠了父母與兄弟妹共八人。

紅磚屋所有單位的內部裝潢皆經過變造，已經沒有任何附庸風雅的娛樂氣氛，爲了方便營業，住戶在原本挑高的兩層樓之間加設了「半樓」，一樓做生意，二樓的木造通鋪做爲起居臥房，必須彎腰走動的夾層「半樓」充當延伸臥房，成爲照顧一樓生意的外地雇員的臨時宿舍，兩層樓之間以窄小的木梯連通，白日的時候，飽滿的陽光從三扇修長的大片玻璃窗透進二樓，早年「カフェー友鶴」深夜讓人留連忘返的幽暗情調已連根拔除。

至於柯家正對門那排原本和新高樓一樣美麗、披著木造雨淋板與日本黑瓦的街屋，戰後旋即成爲國防部眷屬宿舍，遊廓當年最火紅的新高樓則轉爲鐵路局的洗衣部。不同背景的孩子沒有界線，阿隆家對門的孩子台語講得順，柯家這頭的孩子國語也講得極好，晚飯時間一到，兩邊家長各自放開嗓門以各自的母語把孩子叫回家。戰爭迫使華西街北端衍生出新的生態，也迫使艱苦人家學會在凋敝的生活狹縫中求生存。此時，遊走城市零碎空間、成本相對低廉的攤販業往往成爲資本不足的勞動者創業首選。

阿猜嬤甜湯鋪的靈魂人物「阿猜嬤」並不是一開始就賣甜湯，命運所迫，柯家漫長的攤販生涯是從阿猜嬤的婆婆「坤元嫂」起頭——坤元嫂育有三子，戰爭帶走了海外作戰、身爲台籍日本兵的長子，么子則意外過世，緊接著遭逢喪夫之痛，家中僅餘次子於報社印刷廠擔任黑手謀生。爲了維繫家計，坤元嫂從自製米漿著手，仰賴媽祖宮口的老鄰居眷顧，借用騎樓擺攤，展開了坤元伯離世後下半輩子的攤販生涯。

坤元嫂流動擺攤的位置聚集在貴陽街二段，昔日張家來診所、黃合發米粿隔壁豆腐店、萬華信用利用組合的騎樓都會是營業據點，在那個牛奶不甚普及的年代，坤元嫂的米漿攤滋養了無數的艋舺稚子。

嫁入夫家不久的年輕阿猜ㄚ起初負責的是後場的工作。「我對我媽媽最早的印象大概來自三、四歲的時候——我家樓上後面陽台有個石磨，她背著我三弟，一手執勺把在來米、土豆、杏仁舀入石磨中間的孔洞，另一手搖轉磨柄，」阿隆不能忘懷那原始而刻苦的勞動身影：「從小我就對她很敬重。」

隨著六名子女陸續誕生，柯家經濟負荷日益沉重，阿猜ㄚ爲求謀生開始另闢蹊徑，晚上與隔壁鄰居在自家一樓店面開設日治時期華西街便相當風行的「打槍仔間」（軟木塞空氣槍遊藝場）[11]，一九六五年再接再厲，從西昌街打鐵仔店購入一塊二尺四方的鐵煎板，白天把攤車推到自家騎樓外的馬路邊，開始兼職煎芋粿與蘿蔔糕的早點攤生意。客源漸漸固定之後，阿猜ㄚ的「芋粿嫂」稱號也流傳開來，等到阿隆讀初中的時候，芋粿攤旁又增添第二部更大的攤車，販賣米苔目與紅糟鰻魚酥、豆腐、糯米腸等炸物。

初二開始，阿隆正式成爲家中勞動人口。擔任印刷工的父親負責在報社截稿後排版、製版、印刷，晚上十一點左右出門上班，天亮前下班，若因事耽擱回來得晚，阿隆便得代班燒煤球、備好爐火，爲自家的早餐攤車做好準備。週日依然不得閒，需要幫忙阿媽推車至貴陽街擺攤，阿隆回憶道：「小輪子沒有打氣，推起來很吃力。」彷彿仍記得青少年時流下的汗水。陀螺般忙碌的窮困年少歲月裡，阿隆從小學到大學始終沒有參加過學校的畢業旅行。

辛苦勞動的往事中，剩下來星星點點愉快而屬於自己的回憶，有陪著自己長大的淡水河，還有同在華西街北段總是鑼鼓喧囂的芳明館。阿隆初中讀的是夜間部，因爲父親認爲「點燈做事做不好事」，放學返家習慣早早入睡，隔日在黑暗中起床，在曙光中走出一家九口緊密依存的磚房，隻身前往不遠的河濱公園溫習背誦功課，那是繁瑣日常中珍貴的獨處時光。

彼時，艋舺與河的關係依然親近，自阿隆有記憶起，淡水河畔的露天茶座已相當風行，貴陽街底一號水門至大稻埕一帶茶座連綿[12]，業主出租附有杯架的躺椅，提供五〇〇 c.c. 玻璃杯的香片或烏龍，茶几上點綴著瓜子、花生等零食，夏日傍晚至午夜，艋舺人在此抬槓、乘涼或欣賞落日與夜景。阿隆母親剛嫁入柯家之初，淡水河尚清，爲了節省水費，總是到河邊洗衣；剛開始動作慢，鄰居怕阿猜ㄚ太晚回家遭到苛責，都會主動幫忙，好讓她早點回家。無論是休閒或家務，河畔空間無形中提供了地方社群的凝聚力。

距離阿隆家不遠的芳明館則是艋舺這一代人兒時的熱鬧娛樂，戰後民生凋蔽，艋舺的芳明館、萬華戲園（市井口語「艋舺戲台」[13]）這些老戲台還是熱鬧非凡，提供了精神上的出口。芳明館經常搬演內台歌仔戲、布袋戲、新劇，以連續劇的形式上演數個月，每天下午場的尾聲都保留十分鐘打開鐵門讓人觀賞，也就是俗稱的「看戲尾」，如同章回小說每個章節最後留下懸念的關子，廣告效果其佳，看過就上癮。許多湊熱鬧的孩子爲了看戲，老是蹬著柱子爬上氣窗偷看，阿隆仍記得，芳明館的一名長工專門負責對付這些不速之客，總是執藤條把眼睛貼著氣窗的孩子們一個個「**捽**（sut）**捽予落來**」（抽打下來）。

一九六六年，芳明館拆除。失去了建築實體的芳明館，日後成爲艋舺角頭的抽象代稱。與此同時，華江橋興建工程開始，兩年後通車，爲了加速台北與板橋的交通連繫而拓寬和平西路三段，萬華戲園四百坪地基隨之削減一半，戲園左右騎樓下的攤商在市府安置下提前遷離，安置於華西街北段。耳聞風聲，許多華西街北段的居民感到既有居住權益受到侵犯，然而無奈之餘大多敢怒而不敢言，唯獨阿隆家對門國防部眷屬宿舍鄰居強力抗議：「如果敢在下面劃攤位，我們一定從樓上潑髒水！」在一陣不安與騷動之中，除了國防部眷屬宿舍之外，華西街北段所有房舍騎樓外馬路兩側皆被劃上六尺平方爲一個單位的攤位，一排小吃攤忽而從天而降，擋住了柯家進出通道，也屏蔽「芋粿嫂」原本行之有年的生意。在此之前，華西街本來只有像「芋粿嫂」這一種零星流動、打烊後便撤離現場的小吃攤，華西街是一條寬敞可以雙向行駛的大馬路。「初中二年級的時候，我在（攤位）後面那邊洗碗，我小學同學開著紅色的敞篷車在這邊飆車，當時這條路很寬。」無論路面寬裕的印象、經濟階級的巨大對比，都在阿隆心中烙下清晰的記憶。

市府異地安置的措施執行後，引發攤商的群聚效應，夜市的雛形誕生，埋下了日後華西街空間樣貌翻轉的關鍵。桂林路以南的屋主見華西街北段出現政府安置的攤位，紛紛主動在自家門前開拓殖出飲食攤區，之後再陸續爭取營業執照，就地合法。這段微妙的轉折使得華西街南、北兩段的營業空間與發展出現顯著的歧異：南段的業者同時擁有騎樓前的營業權，之後將門前的攤位與騎樓連通，門面與營業空間縱深，加裝冷氣也方便。

華西街北段多數業者因為面臨騎樓前後經營權隸屬不同人的窘境，礙於整合困難，小吃攤多數維持當年馬路邊的開放式空間型態，窄而淺。阿隆的父親日後自力救濟，收購自家門前退休攤位（包括早期萬華戲園旁的粿仔湯臨時攤販）經營權，現今馬路邊長條狀的營業空間，便是阿猜嬤店鋪的位置。後來，阿隆對面二樓的國軍眷屬搬離了宿舍，一樓住戶同樣在門前擴張領域、擺起了固定攤位，這些攤位日漸擴張，華西街沿途的騎樓內店面全部退居「二線」，不再緊臨馬路，華西街再也不是一條邊際分明的寬敞大道。

一九七四年，阿隆大學畢業，環河南路拓寬，新河堤興建、加高，對許多喜歡到河濱消磨時光的老人而言，過馬路到河濱，突然變得困難而危險。

兩年後，阿隆退伍，父親自報社退休，手足也大多完成學業，家庭勞動人力旺盛，「芋粿嫂」在阿隆的建議下終止了打槍仔間的遊藝業與騎樓前的早餐路邊攤生意，連通一樓前後開了一間「魯東牛肉麵」，店門前的招牌特地繪製了山東地圖。阿隆與幾位外省退伍老兵合作，賣水餃、牛肉麵還有各式小菜，新的家族生意興旺，顧客群除了來自各地的退伍老兵，也延伸至淡水河對岸三重、板新地區的黑手勞工，攤店的招牌看板從早亮到深夜。「我有四兄弟兩個妹妹，只有我會捏麵皮、包水餃。」阿隆在這個時期全職投入並學會包水餃的絕活，家族事業收入不錯，但也坦承：「經營牛肉麵店那三年都不是人過的，大年初五，我們從早上八點做到隔天凌晨兩點收攤，中間只有喝水，灑了一泡尿，打烊的時候自己東西賣完沒得吃，只能去華西街吃盤炒飯。」連續三年的晝夜顛倒，雖然改善了家境，阿隆與父親的健康卻亮起了紅燈，不得不放棄，改由小弟披掛掌廚，與母親二人經營起小型海產攤生意，其他兄弟則各自出外謀職營生。阿隆也趕在三十歲關卡[14]之前，考取銀行工作，開始了人生新的篇章。聽FM99.7的習慣就是在銀行工作的時候養成的。

「三十歲我才有自己的銀行戶頭，那種單飛的感覺真的很棒。」在此之前，攤店的營收都交給父親。單飛之後的阿隆才正在新事業打拚，華西街老家卻傳來小弟過世的消息。收拾心緒後，阿猜嬤與丈夫於一九八二年重起爐灶，「阿猜嬤」的店招正式掛牌，並在阿隆的建議下，不再經營需要現炒現賣、步調緊湊的小吃攤，改賣起傳說中「**一个鼎、一支杓**」就能執業的甜湯與湯圓。阿隆週末仍回家幫忙顧店，妻子也學會了阿猜嬤包大小湯圓的俐落身手，粿粞攪拌而成的糯米糰置於掌中，兩手一搓旋即能揉出四顆大小劃一的小湯圓。這一賣，又是另一個二十年。

一九八七年，在地方人士奔走下，華西街觀光夜市成立，與過往不同的第一個改變是華西街夜市的名稱多了「觀光」二字，爲台灣第一座觀光夜市，桂林路與廣州街口豎立的華麗牌樓也跟著國際化，高大牌樓上方中英名稱並行，華西街正式成爲Tourist Night Market，以蛇信般妖異的賣藥補身風情與台灣在地小吃陣仗向世界旅人招手。

與此同時，華西街道路中央加蓋鋼架頂棚，遮風避雨，入夜後頂棚內懸掛的巨型宮燈增添了攤街的氣勢，自此兩側屋樓退居棚後，行人不再意識到天際線的存在。華西街北端露天攤區兩側屬於磚造與木造連棟建築，籌建期間，爲了兼顧住家安全以及攤商權益，阿猜嬤這頭與對街住戶婉拒參與鋼架工程，是以頂棚加冠的「華西街觀光夜市」北端起點跳過了柯家的紅磚樓這一小路段，從紅磚樓的南端向下延展。今日，貴陽街與華西街口仍保有一座修整過的舊式鐵架牌樓，上方寫著「華西街夜市」，沒有「觀光」兩個字，也沒有Tourist Market的英文加持，遙指一九八七年之前的「舊夜市」時光。

二十一世紀旋踵而至。二〇〇一年三月台北市廢除公娼，華西街公娼區走入歷史，往昔華西街刻板印象中的部分「特色」拔去了銳角，從檯面上淡去，角頭漸次瓦解。

二〇〇一年，台灣金融業吹起併購、裁員風潮，阿隆任職的銀行祭出「優退」措施，他順勢退休，離開工作二十年的銀行。長年在小吃攤前忙碌的阿猜嬤膝關節退化，阿隆回家剛好接下家業，讓她能順利去開刀，替人客執了大半輩子的鍋鏟杓子，終於放下。有青少年時期的歷練，接過甜湯鋪的阿隆很快上手。

在華西街的鼎盛時期，阿猜嬤甜湯鋪可以營業到凌晨兩點，阿猜嬤退休那一年，也能營業到午夜十二點，然而之後再也沒有更熱鬧的時候。自從一九七五年萬大計畫（重新規劃萬華與大稻埕）實施以來，拓寬市區外環道路的同時，淡水河堤防新構加高、內縮；一九八九年竣工的台北鐵路地下化工程阻隔西向交通，舊艋舺地區商業活動逐漸鈍化。新世紀的考驗還持續朝著華西街迎面而來，二〇〇三年SARS襲擊台灣，華西街被列爲疫區，有三個月空蕩無人，讓阿隆一度興起歇業的念頭。幸而隔年老店透過「好鄰居基

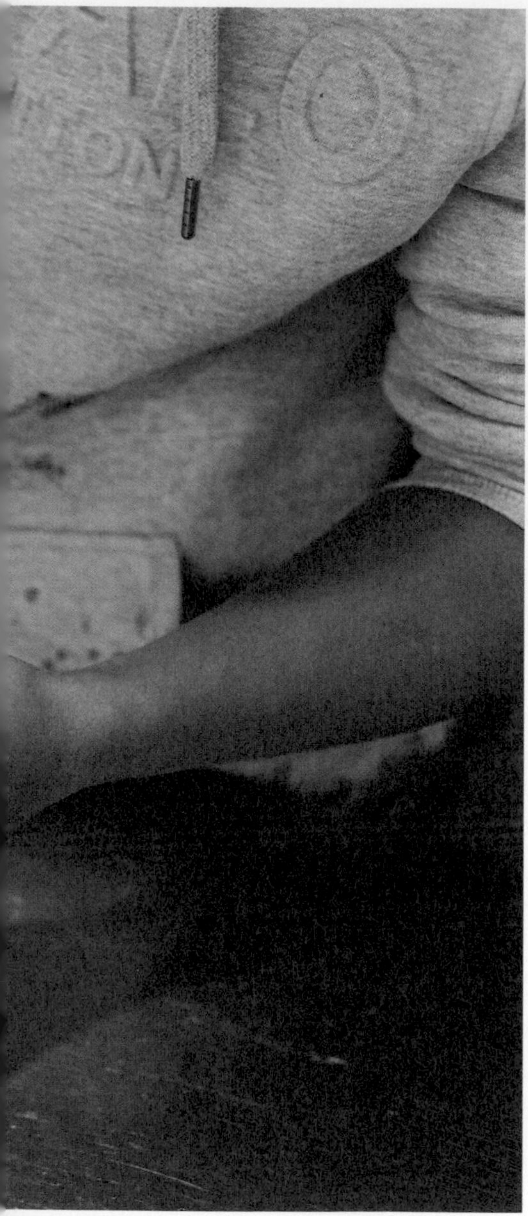

金會」的補助計畫，將店鋪改頭換面，明亮的招牌與店鋪照明，讓原本顯得昏暗的華西街北端增添了一股生氣。

在店裡放音樂，讓光線敞亮，或者世代使用瓷碗，都是對客人的尊重，「我們對客人的尊重從空間表現出來，」聊天的時候，阿隆揭開檯前瀝水兼收納籃上的防塵布介紹自家用碗，盆內各式小吃碗洗得乾淨、排列整齊，他若有所思地說：「有店家使用美耐皿，洗碗的時候用丟的，丟得喀哩喀拉響……但洗碗的態度也應該畢恭畢敬。」阿隆做事嚴謹，有一次攤前來了一位法國背包客，坐在攤檯前啃食胡椒餅，他委婉地告訴對方檯面上的食物都是素食，如果要吃肉餅，請到隔壁座位區，背包客欣然配合。阿隆自承自己不喜歡客人帶外食進來，因爲「有時候外來的氣味充斥空間會壞了甜湯本味」。

二〇〇五年，看起來慈祥和藹一如以往的阿猜嬤被診斷出失智症，關於華西街的記憶都將漸漸流失在遺忘之河。阿隆仍經常帶著母親到甜湯店裡，這條街與這條街上的人都還記得她。二〇二〇年，阿猜嬤離開人世。

現在，阿隆以母親之名繼續熬著甜湯，喜歡收集老件的他仍守著阿嬤早年擺攤時放膨餅的玻璃罐、一些老碗碟。貴陽街有老房子拆了，他去扛了一截和自家老屋一樣的紅磚圓柱回來收藏。母親去世那一年，阿隆整修了老屋，去除了一樓圓柱上的白色厚漆，露出紅磚原始的色澤與韻味，攤位後方柯家早年蝸居的二層樓也清理成了明亮開放空間，爲了盡可能還原當年的建築特色，修補裝設的老窗框是他從台鐵日治時期高級員工宿舍群撿回來的，特別以早年壓條方式裝上三米釐厚度的老玻璃。白日造訪的時候，這棟房子好像又重新活了過來，陽光亮燦燦地從二樓修長的玻璃窗透入，金箔一樣。友鶴珈琲屋熱烈的脂粉氣、戰後市井小民緊迫謀生的景象在透澈的陽光裡彷彿只是空氣裡幾乎看不見的浮塵，顯得遙遠而不眞實。

有空的時候，阿隆持續勤勞地做地方文史的功課，關注社區發展，在老艋舺的街道上踏查，蒐集、分享各式各樣關於自己社區的影像、文獻與故事，包括附近建案的文宣品。幾份附近建案廣告傳單上的地圖非常刻意地省略了華西街這條理當被標示的路，彷彿華西街是一條必須適時遮掩的屈辱。是的，有時候華西街這個名字讓人沉重，阿隆回想起當年考銀行的往事：當年報考很多間銀行，住址都塡華西街五號，最後一關總是過不了，回家一直思索問題的癥結，後來重複去考同一家銀行，把地址改成貴陽街便錄取了。

阿猜嬤甜湯鋪所在的紅磚洋房現在是華西街僅存的完整歷史建物，站在華西街的尾端，沒有華麗觀光夜市頂棚庇蔭，難免日曬雨淋，但也迎接更多的風，看得見更多的雲。既然下午會西曬，阿隆便一早到店裡備料，不和日頭對決。客觀來看，阿隆坦承自家店鋪「在區域上有其優劣勢，」但是他也很坦然面對：「比如，你不能跟太陽對抗。」其餘的，他都嘗試努力過。

「淡水河若清，艋舺就興」[15]，這是阿隆擺在心底最好的願望，最終他期待能擴大社區參與，凝聚共識推動新店溪艋舺段之整治[16]。完成人片的理想之路漫漫，顧好自家的老店、爐前一碗甜湯，這是個起點。

**阿猜嬤甜湯**
台北市萬華區華西街3號

## 注釋

1 十九世紀末古地圖上多標示為「歡慈市街」，二十世紀後則標示為「歡慈仔街」。

2 廣告詞出自一則關於友鶴經營者報導中的置入性廣告：〈葉玉友鶴さん〉，《演藝とキネマ》（演藝與電影）第3卷第12期，臺北：臺灣演藝娛樂社，1930年（昭和5年10月15日），頁16。

3 葉昌嶽，〈萬華（艋舺）滄桑史（二）〉，《臺北文獻158期》，臺北：臺北文獻委員會，2006，頁153。友鶴廣告出自《臺灣藝術新報》，第2卷第11號，臺北：臺灣藝術新報社，1936年。

4 「女給」為日文「女給仕」之略稱，「女性服務員」之意。

5 ——日治時期珈琲屋、女給文化以及友鶴營業敘述，參考：

今井廉，《カフェー時代》，臺北：新高堂，1932年。

文可璽，〈楔子：日本時代臺北摩登咖啡屋之旅〉，《臺灣咖啡誌》，臺北：麥田，2019。

沈孟穎，《咖啡時代：臺灣咖啡館百年風騷》，臺北：遠足，2005年。

廖怡錚，〈傳統與摩登之間——日治時期臺灣珈琲店與女給〉，臺北：政治大學碩士論文，2011年。

——友鶴店址地圖參考：

小松豊，〈臺灣博覽會記念臺北市街圖〉，臺北市：東京興信交通社，1935。參見中央研究院地理資訊術數位典藏計畫。

6 在珈琲屋跳社交舞的場面敘述可參考楊守愚的短篇小說〈赴了春宴回來〉，收錄於林瑞明編的《賴和全集：小說卷》，臺北：前衛，2000年，頁312。

7 〈青春興奮劑〉，《臺灣藝術新報》，臺北：臺灣藝術新報社，1936（昭和11年8月1日），頁15。張紹仁譯。

8 位於今康定路上靠近剝皮寮位置，以「支那料理」為賣點的珈琲屋，木谷佐一，〈臺北市．大日本職業別明細圖〉，東京都：東京交通社，1928。參見中央研究院地理資訊術數位典藏計畫。

9 1935年日本總督府舉辦「始政四十周年記念臺灣博覽會」，為了增加臺博人氣，特邀北港媽祖北上與會，「臺博」期間適逢青山王聖誕，留下兩神在台北城內聯袂出巡的罕見紀錄。

10 入船町：今長沙街與西園路之間，康定路以西街廓，共有四町目，因緊臨淡水河可泊船得名。阿猜嬤甜湯鋪位於三町目。

11 類似今夜市中的射靶遊戲，空氣槍瞄準層架上的泥娃娃，射中可兌換泡泡糖等獎品。

12 一號水門的「河乃莊」於1951年於淡水河畔創建露天茶座，引起業者效仿。河乃莊1993年歇業。

13 1920年（大正九年）日本當局實施地方官制改正，艋舺二字通令改為日本漢字「萬華」（發音仍同漢音まんか）。

14 昔日公務員及銀行員招考有三十歲的年齡上限。

15 艋舺耆老周得福先生語錄，見〈老艋舺〉，《新世紀．臺北．思想起（上冊）》，臺北：臺北市政府新聞處，2002。柯得隆補充說明：西進無水路（淤積陸化）影響地區的發展，因為渴求翻身，期冀復活，所以為識者傳頌。

16 已故耆老周得福先生在世時（2003年歿），大漢溪與新店溪交會於華江橋下，因此華江橋以北至出海口之間河段，謂之淡水河。現在大漢溪與新店溪交會於忠孝橋下（原河道淤積陸化從華江橋下開始迅速累積蔓延），因此淡水河縮短了（華江橋至忠孝橋之間），而縮短的河段為新店溪下游的延伸。

台中●豐原

# 溜滑梯吧，肉丸

陳家萬仁肉丸

滿腹蚵仔煎、肉粽、排骨酥，從喧囂廟東夜市推擠人潮而出，抹著油嘴心滿意足。或者，遠足參觀新萬仁化學製藥廠，校外教學後獲得紀念品，握著一罐迷你的綠油精回家，這些都是許多豐原人的共通兒時回憶。

外牆以大王椰子樹包圍的新萬仁藥廠與想像中的工廠印象不太一樣，對孩子來說更像座奇妙的大花園，創辦人的起家厝也在園區，屋後遍植花木，芒果樹、楊桃樹林鬱鬱蔥蔥，遺世獨立般的園內養過鴯鶓、天鵝、鱷魚、冠鶴等動物，黑冠麻鷺與松鼠走來走去，製造綠油精的工廠建設只占了廣大地基的一小區塊。

那些在藥廠內跑跳的松鼠，有的時候也從陳家萬仁肉丸的後圍牆溜過。一牆之隔，陳家的起家厝緊貼著新萬仁藥廠園區的西南角，軟埤溪靜靜流過這兩戶人家的門口。溜溜的軟埤溪是葫蘆墩水圳系統的分支，躺在豐原市區北側外圍，並沒有潛入老城鬧區。陳家與舊市區隔川相望，一水之隔，陳家這一頭已有了郊區的僻靜，繁華舊市區的喧囂似乎都被收束在水渠的另一側，幾乎是另一個世界。

陳家萬仁肉丸其實沒有招牌，放在家門口騎樓的攤子上方簡明扼要只寫了「肉丸」、「扁食」四個字，打烊後鐵門拉下來，除了當地人之外，路過者不會知道這裡有一家四十餘年的肉丸老店。幾年前陳家應顧客要求印製標注營業時間的名片，才在名片上替自己命了名：「陳家萬仁肉丸」，點出家族淵源與地理位置。不過，因爲長期以來沒有正式名號，有些老顧客要吃肉丸，還是會吆喝：「**咱去買綠油精的肉丸**」，如在地人的通關密語。

每日一大清早，晨曦透進後窗，照亮緊臨萬仁藥廠圍牆邊的工作廚房，倚牆而立的

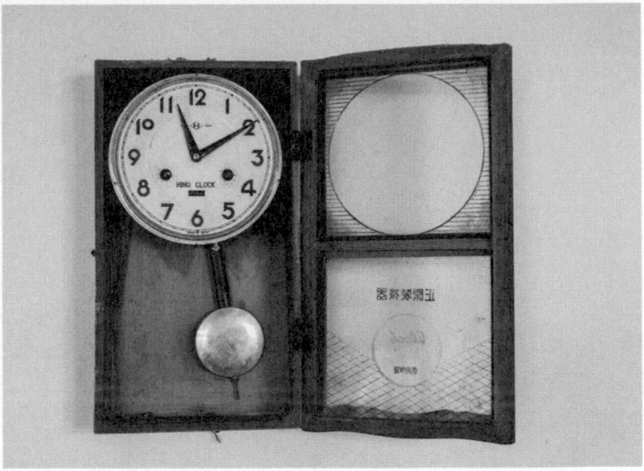
HINO CLOCK

肉丸 扁食
40元 40元
謝謝您
帶請由此排隊

檜木老餐櫥在光線的照拂中好像也抖擻起來，那是陳家奶奶當年的嫁妝。整點，餐櫥旁陳家爺爺年輕時購買的發條鐘分秒不差，發出清脆的提醒，噹噹噹噹噹噹，雨水敲打玻璃般的音質，透明清澈。此時，廚房早已迸發甦醒的朝氣，物器發出各種規律細瑣的忙碌音律，鏗鏘的金屬碰撞聲在空氣中迴盪，陳家第二代小女兒M不敢怠慢，替接下來一整天的小吃生意暖身鋪路，拿出各種白鐵器具，親自替肉丸備料，攪拌粉、塑型、蒸熟，最後從牆邊取下一只已經用到散發油潤光澤的撮箕(竹簍子)，倒入花生米，用力搓揉，去除乾燥的薄皮，準備磨製醬料基底。

以花生為基底的醬汁是陳家肉丸的獨門特色，與市面上許多以紅花米或食用色素染成胭脂紅的醬汁不同，陳家堅持不染色，在味覺上下工夫。米白色醬汁澆淋在肉丸表皮缺乏存在感，卻好似一首歌的貝斯聲線，穩穩地襯托出主角的風味，花生香搭配肉丸餡中的筍塊，豐富而不搶戲。辣醬亦是陳家自製，粉紅色淺，辛辣亦是柔和不搶戲。豐原人喜歡的肉丸內餡簡單，多半僅以肉與筍為主角，為的是吃筍子的口感，各家肉丸最大差異來自於皮與油，陳家萬仁的肉丸的皮軟嫩滑腴，奇異地近似南部盛行的蒸肉圓。

第二代老闆M是念舊的，珍惜地使用家中各種可以當傳家寶的歷史器物，談起家中老件，語調總是變得特別輕快，好像在談論家族要好的朋友。她指著牆上由爺爺買下的老鐘稱讚：「很準，一直到鐘擺停下來都不會慢喔，四十五天上發條一次，不會誤點，日治時代的東西，比電池的還準，我們家的傳家之寶。」

陳家萬仁肉丸傳家之寶何其多，使用數十載、盛裝肉丸的牡丹青花瓷碗是鶯歌清輝窯早期機械化後生產的第一批老碗，碗底尚無印上品名，陳家保存良好，延用至今極少破損，大概是台灣碩果僅存仍全面使用這款牡丹青花碗的小吃攤。

視線投射到門口的攤車，M的語調更輕快了：「其實我想介紹我們那台攤子，那是我爸一個人親手做出來的。」

M的爸爸年輕時開了一家小型鐵工廠，在經濟起飛、中小企業崛起的時代，豐原的中小型鐵工廠遍布，光是一九五七至一九六七年間，鐵工廠便由十家增加為九十六家，競爭對手繁多。追本溯源，豐原的工業發展奠基於二十世紀上半葉繁榮的製材業與製麻紡織業[1]。日治時期八仙山林場的開發，使得位處南北交通要衝的豐原當年為三大木材集

散地之一。豐原是運送木材的小火車線起站，設有營林所，是貯放、轉運與加工木料的重要據點，製材業規模與影響力龐大。此外，可生產麻袋與麻繩的黃麻爲中部的重要經濟作物，豐原人暱稱爲「布袋會社」的製麻廠在豐原地方產業發展史上扮演重要的角色。

豐原市的地形與地利之便提供了豐富的灌溉用水與水電動力，協助打下當地輕工業發展的基礎，製材與紡織工廠林立，加上林鐵小火車與中部戰機維修保養的需求，培育了當地機械知識雄厚的產業與人才，催生日後豐原大大小小的機械工廠與鐵工廠，也讓早年有「第一米倉」美名的豐原於二十世紀漸次轉型爲工商要鎮。經營鐵工廠的陳爸掛念收入不豐，陳媽提議改行跟人家學做肉丸，看好的是肉丸「**食飽閣食巧**（tsia̍h pá koh tsia̍h khá）」，介於正餐與點心之間的特質。既然有鐵工廠打下的厚實技能基礎，陳爸乾脆親手打造自家的生意攤車，以及所有生產肉丸的器具。

爲了讓肉丸有效率地快速出現在客人的碗中，讓做吃的人於最短時間內流暢做好分內工作，並且讓攤車的空間利用價值最大化，陳爸爲這台車量身訂做了許多機關。在後場的工作廚房預先蒸半熟的肉丸出場後，率先抵達攤車最右方以麻布覆蓋的大盆待命，接著向左移動到隔壁小火預熱的深油鍋。客人蜂擁而來的時候，預熱好的肉丸會再度往左側移動，正式降落在攤車的大炸鍋裡，大火一滾，上桌就快了。在這三級跳的加熱過程中，肉丸從預熱鍋前往油炸鍋的路上，勢必會淅瀝滴濺熱油，爲此陳爸在兩座油鍋中間架了一座「溜滑梯」，這友誼的橋梁造型看似簡易，卻讓陳爸足足摺了兩個月，爲了密合鍋緣，肉丸之梯上下兩端與兩側都有精細的凹折，完全不讓油水有溢流的機會。

一般市售的小吃攤車下方是開放式空間，爐具一目了然，陳家的攤車下方造門，鐵門上開了兩個可以伸手入內調節火力的小木窗，這塊空間更重要的功能是收納碗櫃，專門擺放備用碗，現場除了檯面上擺放的少量小吃碗之外，其餘大部分的備用碗都收納在攤車的肚腩裡了。也因爲如此，攤車上煮餛飩的湯鍋周圍縫隙仔細以白毛巾塞得緊實，防止帶有鹽分的滾湯溢濺，流下檯面腐蝕爐具、弄髒儲物空間。

後方的工作廚房裡，服務了四十多年、爲生產肉丸而生的鐵件依然熠熠生輝，在主人的細心刷洗照顧下並不顯老。這些自然也全是陳爸的手工品，親自捏蒸籠蓋，自己打洞，最特別的是陳爸特製的蒸籠也有特殊機關，一次可以蒸四盤。市售的蒸籠只有一

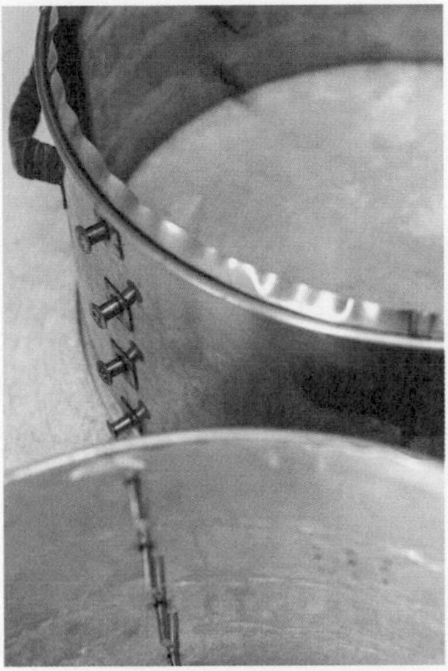

層，無論蒸任何食物，完成後皆必須探入取物，燙手亦缺乏效率。陳爸打造的蒸籠特別厚，籠側設計了數排移動式的迷你支架，足以支撐四層蒸盤，蒸好後，只需將蒸籠放到工作平台上，將迷你支架向外抽出，四層蒸盤便能陸續空降至工作平台，極具巧思又操作簡易。仔細看，工作平台旁的鐵凳還加裝了堅固的輪子，也是陳爸爲了讓家人能順暢在工作空間滑動而設計。

M繼承了父母經營的生意，也承襲了陳家做事明快、講求高效率的風格，以及一塵不染的清潔習慣。在騎樓經營的肉丸攤位於馬路邊的三角窗位置，給人的第一印象是極盡整潔，從裡到外沒有一絲油垢。做事徹底，一次到位以省去日後任何麻煩，展現在陳爸操刀製作工作器物的心思，還有地板、攤車裡外每日打烊後徹底刷洗的執行力道上。M說：「生意傳給我的時候，爸媽他們告訴我做事首要觀念是衛生；我爸說好不好吃是主觀的，東西好不好吃隨人說，乾淨衛生客人一眼就能看出來。」

陳家萬仁肉丸創立於一九七八年，當時M四歲，正在讀幼稚園。初期，陳家除了肉丸與扁食湯之外還兼賣肉羹，M仍記得小時候三姊妹與爸媽圍在滾燙的大鍋爐邊，一人占據一個位置，將條狀的肉羹沾取魚漿快速丟入鍋中燙熟撈出，又熱又累，加上肉羹久煮容易破散，耗工又麻煩的肉羹很快就被放棄了。

初期的肉丸和現在的版本有一點不同，裡面加了冬蝦，陳家的孩子還小的時候除了幫忙做肉羹，還要負責將冬蝦平均分配到每一顆肉丸裡。後來，他們觀察客人碗底經常剩下冬蝦，遂捨棄了這個點綴。觀察客人的飲食習慣與回饋，也是M的父母當初傳給她的心法：「做生意要觀察客人收下來的碗內哪些東西他們不吃。」扁食湯的基底是長時間熬煮的大骨湯，現在盛在碗裡的湯量也是長期觀察客人喝不完或加湯需求後，計算得來的平均值。

M至今仍懷念著自己念國中與專科的時期，那個經濟起飛的年代，陳爸與陳媽從下午四點半賣到午夜十二點。「當時候大家很有錢，加班很多，大家願意做得晚，因爲有錢賺，」她回憶道：「小時候我們家沒有所謂的放假，農曆新年，大家穿新衣戴新帽，大年初一從早上九點開始賣到凌晨打烊，我們家生意很好。小朋友很可愛啊，會拿著紅包

帶來我們家買肉丸，從紅包袋抽出錢來買。」平時陳家主要做下午與晚上的生意，「下午四、五點或五、六點一波人潮，過了之後，八點絕對不會有客人，因爲大家都在看八點檔連續劇，九點嘩啦嘩啦加班的人下班了，九點半過後讀夜校的學生也下課了，生意特別忙。」每天，陳家就做傍晚那一場，以及九點過後那一場，忙到十一點，收拾刷洗好收工已是凌晨一點。

M在十三年前正式接手家業，前六年由她與大姊獨撐大局，當時她的孩子大的五歲，小的才兩歲，接業之前她在醫院工作必須輪三班，比較難兼顧家庭生活，正式經營小吃後，把營業時間改成早上與下午兩場，下午還有兩個半小時的午休，一方面是時代變遷後，晚上街上不再人潮湧動，其次是爲了照顧家人，新的營業作息允許她空檔可以接送小孩、準備晚餐，「從小跟著父母一起做生意，養成的生活習慣就是很會把握瑣碎的時間做事情。」凌晨六點起床備料，一直到晚間六點半打烊，接著刷洗所有鍋碗瓢盆與攤車，掃除擦拭得一乾二淨，所有的工作都結束已經是八點半或九點了，一天工作十幾個小時，剛接下重擔的第一年，大家都累壞了。

「坦白講，我也經過很長一段的過渡期，早期第一、二年我在這邊心態很掙扎，我們家對面是花博（葫蘆墩）公園，傍晚五、六點常常很多人來這邊運動，我想到人家都吃完晚餐出來散步了，我們還沒吃晚飯，心裡會懷疑這樣到底值不值得。」不過M安慰自己：「各行各業有不同作息，做這個行業久了慢慢習慣，如果當上班族就得離家，取得平衡就好。」

做生意會讓孩子幫忙嗎？「會讓他們做一些簡單的，收碗之類，」M說：「六點（備料）這波我都沒讓他們幫，我們從小做到大，心裡有個陰影，我幾乎沒有童年，我不想讓孩子這樣。」疼惜孩子，經過了十三年，M也慢慢學會疼惜自己，開始聘用幫手，分工出去，讓自己能喘口氣。目前陳家的員工有三位，一位負責處理肉丸，一位處理扁食，另一位機動性支援。至於農曆新年，陳家現在也跟著大家一起放假，讓節慶的日子暫時脫離工作軌道，重新實現與家人團聚過年的意義。

從M的爺爺買地蓋房開始，陳家四代落腳於軟埤溪畔，最早陳家的房子與軟埤溪之間並無文賢街，水圳與陳家中間爲荒地一片。在都市更新的潮流中，陳家從來沒有移動過位置，地址卻一改再改，從豐洲路改爲仁洲街，最後文賢街拓寬直通家門口，穿越了連結陳家與新萬仁的那片荒地，使得地址再次「移動」到文賢街。現在的陳家萬仁肉丸安然坐落於豐洲路、仁洲街與文賢街的三岔路口，成爲三角窗店面是時代的選擇。

早年陳家爺爺在三岔路口的橋頭邊開設了一小間柑仔店，後方堆了一丘柴薪，在陳家經營肉丸攤之前，M小時候經常在堆疊隆起的柴薪上玩耍。柴薪後方是條長坡，玩耍的孩子也在長坡底下的軟埤溪戲水，當時的軟埤溪清澈見底，溪中圓石羅列，國小時期，M甚至每天都提著衣物到門前軟埤溪的石階上洗滌，奔流數百年的水圳養育了豐原富饒的農田，也串起了地方民生的記憶。

二〇一八年，台中於豐原舉辦花博，選擇葫蘆墩公園爲其中一個展區，大力整治軟埤溪河岸空間。在陳家於溪畔立業的漫長歲月中，這不是軟埤溪第一次受到整理，也不會是最後一次。如同台灣多數水圳的命運，在水泥塡補強化以及都市急遽發展變化的過

程當中，軟埤溪剝除了野趣，已不如M記憶中那般親人。

當然，一切都是相對而言。二〇一〇年，台中縣與台中市合併，長期像擁有自己的小宇宙般獨當一面的老豐原，彷彿一夕間被歸類為大台中的衛星邊城。

二〇一八年，豐原人不無震撼地奔相走告，新萬仁位於豐原軟埤溪畔的廠區售予地產商，將遷徙至后里。新萬仁舊址將改建爲住宅社區，成爲豐原最大造鎭案。M聽到新聞感到十分悵然，她非常喜歡這個老鄰居，尤其是那些綠林、那些鳥，還有偶爾路過的松鼠。

日子如常，像陳家門前一刻也不停留的溪水。頭幾次拜訪陳家的時候，其家門後的新萬仁園區仍綠影婆娑，最近一次拜訪的時候，樹林盡散，營造工程的施工電梯上下梭巡，已蓋到十幾層樓，未來還要更高，勢必成爲豐原天際線的新地標。

初次採訪過後不多久，一位年紀和M相同、嫁到台北後就少回豐原的老顧客到陳家吃肉丸，陳家第一代還在經營的時候對方已是常客，三、四年不見，對方很驚訝M還記得自己，彼此聊了父母身體健康狀況。

「像這樣的老顧客，大部分都陪著我一起長大、變老，我很喜歡這種情感，通常這些老顧客總會跟我提到，很懷念從小吃我們家肉丸長大的滋味，」念舊的M特地傳了一則簡訊過來說：「這應該是我最開心的時候。」

陳家萬仁肉丸
台中市豐原區文賢街 198 號

**注釋**

1 賴志彰，〈豐原街市發展〉，《葫蘆墩老照片特輯》，臺中：臺中縣立文化中心，1999，頁7-9。
楊宏祥，〈第三章：水清、米白、餅香、柴乾——以各種香氣教之的傳產風華〉，《圳水漫漫：葫蘆墩圳探源》，臺中：臺中市政府文化局，2016。

台北●後車頭

# 湯裡來去，江山與才人

……… 蔡記岡山羊肉

華陰街的後車頭蔡記岡山羊肉店面窄仄，一坪半左右的空間裡鍋爐占去大半位置，剩餘的走道空間幾乎不允許兩個人從容錯身，尤其端著熱湯的時候。店門口乾乾淨淨端放三張摺疊桌，不能再多；一張緊靠店門，兩張立於騎樓外側，留下中間細瘦的行人通道。

如果談小吃也要論功夫，在這片武林裡，蔡記大概就是那種可以在繩索上安眠的角色，一坪半，三口爐、三張桌，也就安身立命。

經營這小店鋪的老闆是一對夫婦，羊肉湯界的神鵰俠侶，白皙瘦高，話不多，笑容淺淺，低調得像山林隱士，只是身邊氤氳的不是山嵐，而是熱湯的蒸騰，兩人向來不願意透露眞名也不喜歡入鏡，甚至都不姓蔡。

那麼，爲什麼取名爲「蔡記岡山羊肉」呢？老闆說早期沒有店名，只有「岡山羊肉」四個字，後來國稅局要求取名以課徵營業稅，老闆姓李，「李記」讓人想到李錦記蠔油……想不一樣，就叫蔡記。」取名取得隨性，射飛鏢似的。

橫空出世的「蔡記」其實有個前身，尚未定名的岡山羊肉小吃店創立於一九六九年，第一任老闆來自岡山。彼時，中南部人口北上「找頭路」狂潮方興未艾，此後二十年，來去台北打拚的憨子好比林強〈向前走〉滿懷希望地吶喊那般，一波波持續湧上台北車站的月台。「後車頭」雖位於車站之「後」，聽起來位處於交通樞紐的背面，卻充滿向上的動能，尤其是這一帶街廓聚集數十家職業介紹所，毗鄰台北後站、台汽北站的華陰街首當其衝，人潮鼎旺，懷著大包小包行李與夢想的孩子才剛踏出火車站，馬上前往大排長龍的職業介紹所報到，如《戀戀風塵》裡的女主角素雲坐火車到台北找工作，初來乍到站在第六月台上等人，幾乎是許多來台北築夢者的縮影——電影畫面之外，踏出第六月台相連的台北後站，「後車頭」是人生地不熟的外地人首當其衝的工作機會跳板、現成的人力銀行。

一九八九年，當初那個沒有名字的後車頭岡山羊肉風風火火經營了二十年後，由目前的蔡記經營者接下這間店面。現任老闆娘的姊姊當時在後車頭開雜貨店，與前老闆熟識，來自岡山的前老闆家中子嗣無意接手家業，想找人來做這家店的風聲傳開了，許多人都躍躍欲試，因爲這店雖小，生意也眞好。然而，前老闆自有其堅持，直覺來應徵的承接者看起來都「做不久」，不能把他的招牌延續下來，碰不上對味的有緣人，找繼承人之事便一直拖著。後來，現任老闆娘在姊姊的慫恿下先去攤子上吃了一碗，品嘗完就走，甚至話也沒說上一句，不過終究是和老闆打了個照面。沒想到這一對眼，前老闆卻像看透了什麼玄機似地，打定主意要把自己的江山繼承給她。

即便如此，至今對肉品市場頭是頭骨是骨、過於具象的血腥場面仍有懼心的現任老闆娘意興闌珊，加上當年的她其實不太敢吃羊肉，不能理解爲什麼自己受到欽點，推拖了一陣。後來認真衡量，看前老闆熱鬧地賣羊肉湯，加米酒、涮羊肉，似乎也不難，便決意放手一試，成了新一代岡山羊肉掌門。頂下這店鋪花了一筆龐大的頂讓金，金額在當時足以買下一棟四十坪房子，不過這麼樣的大事，雙方連白紙黑字立張憑條也沒有，口說為憑，那還是個仰仗道義人情就能行走江湖的年代。

誰能想到，一如武俠小說擅於鋪陳的那般，劇情與人生總是有太多意想不到的轉折與考驗。前老闆找到託付之後，指導羊肉湯、煮麵線的烹調門道，如同武林高手只演示一遍拳法，僅親身示範一回合，一個月後竟溘然與世長辭。至於那唯一一次的示範，則是真正的「只能意會」，因為師父交代食材的比例全然是「用抓的」，測量基準是手掌，估計做了二十年比例已銘刻在心，口述心法時僅點到為止，交代食材有的抓一把，有的抓兩把，大概這樣與那樣，都還沒有問清楚呢，便先走一步，那些還來不及弄清楚的細節從此成了懸案。每個人的手掌大小不一，這唯一一次的功夫傳授就像無字天書，徒留弟子自由心證。

福 華
記

紅豆
玉子

師父不在了，沒得考證，老闆娘盲劍客似地摸索了兩三年才眞正讓味道穩定下來。孩子稚齡，錢砸了下去，顚簸的繼承人生正開始。爲了不壞了前任老闆的招牌，也爲了穩定口味，老闆娘只能土法煉鋼，偶爾聽說高雄、台南哪裡有味美的羊肉湯，便勤勞地連夜坐野雞車特地南下取經。「那時候也笨笨的，不會外帶一份回來，就眞的『憑感覺』，」頭昏腦脹地坐著野雞車，回程用力地記住好味道，回到自己的城市再努力臨摹腦海中的餘味，聽起來像默背武林祕笈的差事，老闆娘講到這段經歷，彷彿自己也不可置信。

當初天眞以爲「加米酒、涮羊肉，似乎也不難」的工作實際操作之後，才知道不僅不簡單，而且棘手。光是前置作業便繁瑣之至，早期店開得早，早起吃碗羊肉湯再上工的人也多，四、五點就要先到店裡開火，準備理肉、汆燙、煲湯的工作，送到客人嘴裡的一塊帶皮羊肉，至少要醞釀五個小時。光是羊肉除毛就需要三道手續，汆燙、過冷水，反覆刮整，一天要用掉數片日製刮刀，不像許多店家使用瓦斯噴槍燒皮去毛避免殘留，最後切塊前還要手摸檢查，以觸感確認清理乾淨。當初吃了人家一碗湯，沒看到這個幕後的過程，親自上陣之後不免有些懊惱，「誰曉得這麼麻煩？」

瑣碎的工作繁重，剛開店的時候，老闆娘協同妹婿、父親等四人齊力，已是耗盡氣力。前一任的老闆沒有享受到退休的清福，意外辭世或許正是源於過勞，多年來他凌晨四、五點即起，打理內外場，一直勞碌至半夜十二點，生意太好，幾乎無從喘息，晚上就潦草睡在店面正上方的夾層「半樓」空間。

前老闆當年寤寐之處現在被收拾成蔡記的倉庫，是街上唯一保留原狀的店面小閣樓。岡山羊肉在立基的頭二十年，趕上了後車頭上個世紀最後一片輝煌時光，現在站在華陰街頭，仍能從一些枝微末節的建築線索裡看到時光隧道殘留的金粉。在蔡記喝羊肉湯，抬頭可以看見對街三樓上方連通兩棟大樓的空橋，貌似新藝術風格的橋身設計依稀可以看見老派摩登，那是早年萬國百貨風光開業的遺跡。萬國百貨大廈橫跨華陰街兩側，北面兩棟、南面一棟，兩座空橋連結三座建築（穿過華陰街上空的兩座空橋已拆除），是時髦的連棟商場。之後，萬國百貨一樓挑高店面切割成無數小單位出售，蔡記目前的店鋪買下的正是其中一個單位。第一任老闆營業的時候，樓上的百貨改裝為金龍酒店，七、八〇年代專營秀場與牛肉場，八〇年代末改為金龍大舞廳，燈火通明、夜夜笙歌至凌晨，現已改裝爲新穎寬敞的信星青年旅館，國際背包客穿梭其中，旅人匆匆的腳步或許沒有留意，旅館內氣派的挑高空間在台北城裡實屬難得，那是歷史的餽贈。

華陰街弄內老派旅館林立，也是車站地利之便與早年職業介紹所衍伸出來的風景，在那個沒有網路與手機的年代，職業介紹所除了媒介工作機會，連帶也安置北上年輕人食宿，許多等待工作機會的遊子經常先寄宿當地旅社，待工作底定後才離開。後車頭聚攏了出外打拚的異鄉人與商賈，連帶使得家電、服飾、五金、精品、民生用品批發等商行與小百貨林立，小小店面的羊肉湯因此得以從早忙到晚，白日撫慰乘客、學生、洽公、待業者的胃，入夜後再接再厲滿足夜生活宵夜場群眾的舌。

一九八八年，北淡線停駛、台北後站廢止，鬆動了十九世紀下半葉以台北後車站爲核心的舊商業板塊。隔年，台北後車站遭無名大火吞噬，一小片烏雲悄悄飄過以它爲名又因它崛起的「後車頭」商圈。與此同時，台北車站地下車站與銜接中華路的這段地下化鐵路啟用，舊市區因爲鐵路而連結串連的都市空間高速變幻、整合，地面上出現許多不斷飄移的臨時設施，市民大道闢建、大量開挖的地下空間使得火車站周邊塵土飛揚，向來風頭勇健的後車頭自此出現疲態。當時，甫接手岡山羊肉的年輕老闆娘還正煩惱怎麼替口味定調的問題，一切才剛起頭，顧家、顧爐子，專注於自身的存在而焦頭爛額，無暇顧及屋簷外的塵囂。所幸台北市政府一直要到一九九四年才遷徙至信義區，市政府十一點半後不收件，一點半才開始上班，後車頭爲這中間的休息空檔提供了逛街與小吃的後盾，彼時台汽客運北站仍坐落於承德路西側、華陰街口的台北菸廠原料倉庫舊址，車潮人潮俱在，後車頭表面上興旺一如以往。

老客人也在重新適應老店換手。摸索期的新老闆娘一心求好，老主顧批評卻一點也不客氣，所有餐飲的眉角，包括碗公樣式、醬料多寡等，在老主顧心中都有一套公式，既然吃的是習慣與回憶，薑的擺放方式、麵線與蒜蓉多寡都會成爲抱怨的題材。也有無聲抗議的客人，小吃碗內盛裝的肉不算海量，走之前碗底偏偏殘留一塊不吃，新主人聽在耳裡、看在眼底，各方面都很受傷，信心風雨飄搖，「我只差沒說，『不收你錢，我做得不夠好，沒有被你尊重』。」

客人吃與不吃，各種回饋，對老闆娘來說都是一種評分的方式。她不願意對自己堅持的口味有絲毫讓步，但是總是願意爲客人留一份心思，記得所有來客的各種挑剔或偏執。「頭十年我做得很挫折，」憶及以往，她說：「剛開始我做得並不好，無法留住客人。湯一端來，客人如果很期待，臉部表情就是會不一樣。我很在乎客人的臉部表情。」記住人的表情，默記老主顧每個人的特殊需求，變成了外場的基本功課，「有人要吃麵線香，我會記住客人上一次評分的感覺，在心裡默數秒數，記住燙麵線的火侯與拉起的速度。」

生意一直到一九九七年開始漸漸穩定下來，蔡記經歷了頭幾年因傳承者指導方針一切「憑感覺」的陰影，調整口味後將所有處理工序標準化，食材、水分比例量化，一律過秤。不僅如此，所有細節琢磨再三，講究口感，同時也講究視覺表現，比如夏季與冬季的湯頭味道一致，色澤卻有些微差異，相對於冬季湯頭，夏季湯頭在視覺上顯得更淺淡，爲的是照顧熱天裡渴望清爽的胃囊與心理。

把店做起來，講起來兒子是最大的助力。蔡記老闆家中老二幼稚園大班的時候開始成爲羊肉湯外交大使，無時無刻賣力宣傳媽媽的羊肉很好吃，上了小學更是大肆廣告，甚至外帶羊肉到學校吃給同學看，老三後來跟著上小學後，推銷起自家羊肉湯更是不遺餘力，一個學校裡有兩個小男孩招搖地拚外交，使得羊肉湯名揚全校，老師紛紛前來訂購，讓原本希望孩子不要張揚的老闆娘不敢不把自家招牌擦亮，咬牙走過經濟壓力的幽谷，並且萌生更堅強的鬥志。

熬過頭十年，店的風格有了理想中的樣子，孩子茁壯成青少年，一個世紀也結束了。

新世紀之初，草創時期本來在旅行社工作的蔡記老闆，毅然放棄一年出國帶團超過三百天不在家、浪跡天涯的旅行業，重新落腳華陰街，協助老闆娘共同掌店，羊肉湯界的神鵰俠侶在職涯上各自走過千山萬水，此時終於攜手與共，把那些風霜鍛鑄的內力注入一碗湯。老闆娘嘴刁，替食物風味掌舵；老闆有潔癖，把內外場打理得一塵不染。這對寡言的夫妻在各種近乎吹毛求疵的堅持下，把新一代蔡記的江山都收拾好了。

老闆娘後來常常一早騎著腳踏車上工，從承德路轉進華陰街，遠遠聞到羊肉湯的藥膳香，到店空腹品嘗湯頭滋味，「因爲那個時候嘴巴最乾淨，吃起來最準，」吃完了放心才開動吃早餐。如果湯頭也能唱歌，味蕾或許就像調音師手中的調音器，她挑剔那最後幾滴提味的米酒香氣、醬油的層次、麵線的口感，幾乎無所不用其極。嘴刁，或許來自

蔡
記
蔡記美食坊
饈珍不必貴
味美何須寬
歲次乙酉 林士容撰書

家學淵源，老闆娘爸爸開海產餐廳，做吃食是家常。然而家中三姊妹唯獨她最挑嘴，對味覺感受力敏銳，小時候經常「以貌取食」，用看的決定要不要吃，食物放到嘴裡若不喜歡，一口便棄絕，讓爸爸忍不住嚇唬女兒：「小時候這麼挑嘴，長大沒東西吃。」國中畢業，爸爸讓這個嘴最刁的女兒站在自家大廚、二廚、三廚旁切菜，少女當時連刀都拿不好，但會幫忙做冷盤，海蜇皮、青蚵她一律不敢吃，但光靠調味還有淺嘗即止的工夫，她設計的冷盤賣得特別好。吃過蔡記的乾拌羊肚小菜，特別能想像當年那位嘴刁小女兒調製冷盤時精密調度醬汁的天分。「以前我學拿刀，我爸說，十根手指頭都切過妳就很厲害，那時候我覺得他講得好粗俗，後來覺得還眞的是這樣。」女兒切傷流血，開餐廳的爸爸二話不說潑灑米酒消毒傷口，痛著痛著，刀法也利了。

老闆娘不多話，老闆更沉默，好奇問他：「你這麼沉默，帶團也這麼話少嗎？」老闆娘在旁邊幫腔，會說啊，那是他的專業。老闆不急不徐，說自己帶團不講笑話，國外法令規定不能在車上唱歌、不能走動，解說都是定點，車程中間就讓遊客看風景，「風景只可意會，不能言傳」。提及長年在國外帶團的往事，他提到一個有趣的風俗差異——台灣人上餐館有拿餐巾紙擦盤子的習慣，歐洲服務生見狀往往以為顧客感到不乾淨而將盤子收走置換，台灣這擦盤子的衛生習慣在異地反而顯得失禮。回到台灣，這文化衝擊的經驗一直擱在心上，有潔癖的老闆特別講究店內外的乾淨衛生，餐具自然是希望做到讓人不覺得心中有疙瘩，還沒吃就要先拿紙巾反覆擦拭。他覺得做小吃，「清潔第一、口味第二」。

平時全神貫注於那一坪半的小店，性格低調的老闆夫妻檔以往從不主動和顧客搭話，以食物的誠意替代人情套路。最近這十年，也許是孩子大了，肩頭擔子鬆了些，偶爾客人來搭話，也能與來客聊聊。因此，即使他們心中已經熟記幾百位熟客的飲食習慣，許多老主顧在他們家吃了十幾二十年，向來是老闆安靜地做，食客安靜地吃，誰也沒有多問一句，一直到近十年才忽然聊開，彷彿蒙面論劍的騎士，交手多年，忽而有一日揭下面紗，笑問：「您好，打何處來？」

既然這麼久都沒有起心動念和顧客說上一句話，好好套個交情，自然是從不和顧客合照的，即使座上賓經常來頭不小，誰的跑車時而停駐，誰是媒體焦點，往往鄰居比他們更早指認來者。有一次出門，發現某處人山人海，遊覽車奔騰，眼前巨型掛布上懸吊

著某萬衆擁戴的人影，「噫！這不是我們的客人？」也無驚詫，只是淡然。

八〇年代末接手的時候，前老闆留下的是早期常見的厚陶碗，雖然厚實不易導熱，不過長期使用出現傷裂損，爲求美觀，第二代老闆特地跑了好幾趟鶯歌，最後看中內緣上方有細鎖狀藍紋、碗裡繪製青花的清輝窯生意碗（當時已停產），在巷弄內店家找到的是最後存貨，便全數收購。

三十年一晃即過，白底藍花的清輝窯碗也漸漸被新購的碗取代，然湯頭依舊，麵線依舊。幫他們家做麵線的老師傅從第一代老闆開業開始供應手工製麵，經歷了那麼多足以曬出可以供應這小店半世紀麵線的豔陽天，從少年家做到八十好幾，徒弟都已經接班，蔡記仍然覺得他做的麵線無人可及，遂聘請他退休後繼續專職做蔡記的麵線，做麵線做到這等程度，也算是綿綿不絕，終生成就獎了。延續前老闆傳統的除了麵線、羊肉，還有豆瓣醬的主原料，兩人曾經拜訪豆瓣醬生產工廠，工廠極其整潔，有潔癖的老闆很滿意。

有九十歲的老爺爺來吃羊肉，聽聞他悠悠對外傭談起「我年輕的時候來吃」的往事，老闆也會心頭一驚：九十歲老人家談及「年輕的時候」，那是多久以前呢？一講起來，來蔡家的八、九十歲老顧客太多了，儼然成爲長壽者的喝湯熱點，蔡記老闆把他們都記得清楚，希望做到人一到就大概知道客人多久沒來。人來了，湯當然是不必點的，直接端上，算是基本的敬意。腦海裡面記得的常客名單大概幾百個吧，比如九十幾歲新竹的老客人自己坐火車過來吃；好幾個老將軍總是隨家人或坐著輪椅來；還記得八十五歲的陳老師七十幾歲來吃的時候，老闆娘看她鬱鬱寡歡，悄悄問起，對方眼眶一紅，原來是母親過世。一些早年在台北打拚，現在回鄉養老的老客人，來自苗栗、花蓮、宜蘭的都有，專程坐火車來吃上一兩碗的，花蓮的就有二十幾位，宜蘭近，回後車頭懷念老滋味的更多，千里迢迢地。以往老闆還在旅行社帶團的時候結識了一名第一次出國跟團的老闆，後來出國都給他帶，八十幾歲過世前幾年失憶了，還堅持一個禮拜來蔡記兩三次，自己孩子的名字都忘了，卻還記得蔡記老闆的名，是把他當家人疼愛了。

器物與食物有歷史，來蔡記的老主顧亦是，每個人對後車站都有感情。許多老主顧來吃羊肉湯是爲了某種儀式性的自我歷史回顧，幾乎希望時光凝結，所有物件都不老。有人念掛著白底藍花老碗，彷彿換了碗就不對味，老闆便特別記著用老碗盛湯；有人固定要坐某個習慣的位置，如果有人坐在他習慣的位置上，寧願等也要等到那與記憶結合的位置，彷彿少了一個步驟，就會侵擾回顧儀式的純粹。

有一回在攤前遇到一名穿著筆挺白襯衫的老顧客，據說就讀台北工專之時已經是後車頭岡山羊肉的客人，吃羊肉湯的歷史比蔡記第二任老闆經營時間還長。當年這位來自南部的孩子家裡環境差，家人其實希望他回家顧牛更勝於讀書，考到台北工專後，獨自北上，晚上就到菜市場找空出來的肉攤，以報紙裹身入眠。以往他常常往返中華路採購ＩＣ零件，批發賣賺差價，並且靠著修高級音響等電路賺取零用，當時騎腳踏車往返華陰街，前老闆認得他，總會招呼他來吃一碗。現在的他已經是獨當一面的大老闆了，仍不時回後車頭吃一碗，品嘗的是百味雜陳的革命情感。

蔡記接業的頭十年，每年暑假會放假一個禮拜，特地陪孩子出去玩。接下來十幾年，改成放兩個禮拜。此外，也剛好趁歇息空檔將小店的牆壁全部粉刷如新。直到前幾年，蔡記開始六、七、八月連放大假，他們說，孩子大了，可能自己年紀也大了，加上現在冷氣主機都放在騎樓，夏天溫度比往年高太多，夫妻倆都有昏倒紀錄，一熱一悶就倒下去，也就看開了，願意給自己喘口大氣。

近年蔡記的主要客源除了老顧客，還有三分之一是來自於港澳、新加坡、中國的年輕朋友，不過，他們其實最希望把自家的好滋味推廣給台灣的新生代。

二〇〇九年，位於承德路東側的京站與交九轉運站落成，承德路西側的台汽北站數年前夷平，另起高樓，銜接兩側的華陰街已經沒有職業介紹所的影子。

現在，從承德路口沿著華陰街走五十步，那片營業半世紀的窄小店面仍持續煲著熱湯，門簷上方鑲著亮潔的正紅底黑字烤漆玻璃，端正地提示：「後車頭蔡記岡山羊肉」。店後方相映的湖水綠烤漆玻璃內牆上，簡扼地標寫「蔡記」兩字，兩枚黑字的中間不知道什麼時候貼了一張書法，溫潤的字跡寫著：「饈珍不必貴，味美何須寬。」

**後車頭蔡記岡山羊肉**
台北市大同區華陰街 42 之 5 號

台北●南機場

# 榕樹下的甜蜜生活

……八棟圓仔湯

冬至，一年之中白晝最短之日。歲末此時，吃湯圓的念力似乎變得異常頑強，入夜後，四方的食客端起手心那碗熱呼呼的湯圓，細霧騰起，熱氣未散前，湯匙舀盛，如某種慎重的儀式。吃完湯圓，從明天開始，太陽將應許更多的溫暖，光明的時間將更綿長，人們彷彿抱著這樣正大的向光心情。

是以年復一年，冬至這天，不到向晚時分，人潮已像候鳥掠過地球表面向八棟圓仔湯店移動，當天八棟專心只賣三款甜品：酒釀蛋芝麻、紅豆芝麻、花生芝麻，外帶與內用的兩條人龍以八棟攤口爲起點，往路口「南機場觀光夜市」牌樓或反方向有秩序地蔓延，隊伍時長時短，但一直到半夜從不間斷。

冬至晚餐時間已過，經營八棟圓仔湯的一家子匆匆外帶附近的小吃果腹，又陀螺般忙碌起來。第二代老闆娘黃素青與大兒子、媳婦鎮守在爐前方接單，黃素青性子急，今天沒有時間和客人抬槓，走路和發話的速度快轉兩倍。有人問第三代老闆今晚會營業到幾點，他笑笑說應該到一點吧，黃素青和兒子鬥嘴：「**一點？一點你家已做啦！是欲予我忝死？**」然而他們心裡有數，每一年冬至，不賣湯圓賣到凌晨難以休息，來吃湯圓的人絡繹不絕，不能讓人家失望啊，他們號稱冬至沒有打烊時間，目標是服務到最後一個上門的客人爲止，打著「圓仔」名號的店家對一年一度的冬至看得隆重。

前線忙得不可開交，第二代老闆林督欽與二兒子、女兒同時負責後勤，榕樹後方有一小塊空間當作備料區，他們在後方補足前線與內場的需求。這一天，平日講起話來精神煥發的林督欽出奇沉默，臉上籠罩倦意——這實在不能怪他，爲了迎接這個屬於湯圓的大日子，一家大小已經馬不停蹄、助跑備料超過一個月，孩子們都請假回家幫忙，冬至重頭戲來臨的前兩晚爲了顧爐火，幾乎忙得不能睡覺，經常連續幾十個小時不能好好

闔眼，忙到半夜一點才收工，瞇不到幾小時又得上緊發條起身備料。

爲了冬至而提早籌備一個月，並不只是爲了當日在攤位前排隊的食客，還包括了附近公司行號的湯圓預定，某些已遷離萬華的公司甚至年年跨區回購，在冬至來臨前的上班日，成千上萬顆的湯圓在八棟圓仔湯的無塵室蓄勢待發，壯觀如銀河。爲了籌備這年度的湯圓大爆發，黃素青有點歉然地說冬至前幾日還得推掉一些數量大的訂單，就怕應付不來。

八棟圓仔湯位於南機場夜市，這條夜市並不長，嚴格說起來只是「南機場公寓」（南機場一期整建住宅）社區樓底巷弄的小吃圈，不過識途老饕都知道短小精悍的南機場夜市臥虎藏龍，「八棟圓仔湯」出品的湯圓與酒釀是其一。說到台北在地人最喜歡或最好吃的湯圓，許多人都會提到八棟。如同許多小吃起家的老店，八棟圓仔湯原本並沒有名字，因爲座落於南機場公寓的第八棟公寓側面，後來才起了「八棟」這個店名。

創業之初沒有名字，因爲南機場夜市的「八棟」從小吃攤車做起，這是城裡千千萬萬白手起家小吃業者的共同故事。爲了爭取空間，許多街頭小吃的爐檯前方喜歡設計一片細瘦狹長的延伸桌板，有點像壽司店的「板前」座，幾張板凳一擺，生意隨即開展。幾十年過去，八棟的經營者來到了第三代，現在有了店面，依然安置了一排特別親近食物製造核心的攤前座位，坐上這樣的位置，可以輕鬆和老闆搭話，得以親眼目睹湯圓之浮生，媲美搖滾區第一排，老闆起起落落的杓子近在眼前，湯搖水滾，萬般細節一覽無遺。八棟窄桌面前是一長列整潔疊起的瓷碗，充當湯鍋與窄桌之間的楚河漢界，陣列中的清輝窯小吃碗歷史最老，總是擺在最靠近入口的地方，因爲內緣飾有一圈藍線，相當容易辨認。入口走道一側，迷你透明櫃中擺著許多奶油色的膨餅，圓滾滾的樣子看起來特別精神抖擻。

有老碗、有膨餅，確實是老店老滋味。一抬頭，看見攤口上方橫幅看板說明老店創立於一九七七年，年分底下寫了三個字：「**內底坐**（lāi-té tsē，裡面坐）」，因爲口語，比「歡迎光臨」更顯熱情，足以讓人想像招呼的口吻與手勢。

「內底坐」，這句招呼如果讓八棟的老闆們親口說一聲，肯定有雲林人的「**氣口**」（khuì-kháu）。第二代老闆林督欽來自虎尾，老闆娘黃素青來自北港，兩人的個性都像南國的暖陽。

走入「八棟」的「內底」，很快能發現內底居然斜斜長出一棵榕樹，感覺有點魔幻，然而氣氛又如此家常。精實的榕樹軀幹上凸出一截髮簪似的五寸釘，平時相當機動性地掛了一些充滿生活氣息的用品，有的時候是傘，有的時候是毛巾，有的時候空蕩蕩地毫無懸念。不過，如果要追根究柢，最早這長釘掛的是肉粽，八棟圓仔湯的故事要從很久很久以前路邊一棵榕樹下講起。

## 路邊一棵榕樹下

八棟圓仔湯店原本是無名攤販，南機場夜市的主要街道原本也是一條「無名巷」，此巷最初不存在任何店面，也少有車輛停駐，算是串連十一排連棟南機場公寓的中央通道。

一九六四年南機場公寓剛落成時，無名巷因為沒有任何遮蔽，看起來格外寬敞，兩側簡單種了路樹，簡約現代的建築風格讓這個小社區看似氣氛閒散的歐美郊區小鎮，彼時這一帶仍介於農村與城市邊緣的閒散空間，放眼四周，五層樓公寓已是最高建築。無名巷兩側牆面漆上碩大的公寓編號，早期牆上刷印藍底白字公告「新生活公約」，規範民眾出門不打赤膊、不穿拖鞋、不隨地吐痰，這是台北最早的現代化公寓社區，也是一個懷抱著文明憧憬的築夢基地。

「剛來的時候，這條街是空曠的，樹和樹中間有一條白色的鐵支椅，」林督欽瞧了店裡那棵老榕樹一眼，接續說：「那時候樹沒那麼大，現在樹齡七十幾年，它長得不錯也沒有被颱風吹倒，給我們庇蔭，我們是很感恩。」說著，語調輕鬆了起來，像在調侃自家人：「下雨剛好幫它洗澡洗一洗，有青苔本來想遮，後來算了。」

林督欽是家裡最早上台北的人，在陌生的城市當學徒修車謀生，無名巷因爲空曠，修車時經常把車停在這條巷子。隨後大哥考上台北工專的電機系，兄弟倆都在台北，家中姊妹則各自成家，林督欽的爸媽決定跟隨兒子移居北部，之後看姊姊在南部生意沒起色，又將姊姊一家子接上來，九口蝸居南機場公寓八坪大的空間。

一九七七年初抵台北，家庭成員多、開銷大，林督欽的媽媽擅長廚藝，煮冰料也拿手，夏天開始經營冰品的小吃攤車生意。攤車起初擺在南機場公寓一位虎尾鄉親的一樓店面前，兩年後才搬到現址。當時，無名巷並沒有人出來做生意，林媽媽擺攤的位置就在八棟榕樹下的白色鐵支椅旁，從仙草、四菓冰這些配料開始做起，一碗冰兩塊半，一早七點就開賣。一大早有人吃冰嗎？「當然有，不要懷疑。」林督欽說，七〇年代末，台北車頭附近的飯店、大樓建設如火如荼，許多勞工都住在南機場一帶，凌晨即起，打理完清晨的活，經常騎著摩托車回來吃小點，七點就有人開始「**食涼**」（tsiah liâng）。賣冰漸漸受到鄰里的歡迎，生意穩定後，林督欽又在冰攤隔壁賣起肉粽，爲了綁肉粽、掛肉粽方便，在老榕樹上釘了根長長的五寸釘。

離鄉背井的城鄉移民經常以創業成本門檻低的小吃攤車起家，在壓縮空間裡將產能極大化，這是一種生存的技術；許多老字號小吃店販售的小吃項目往往是百轉千迴，賣的主食則不斷根據需求而變換，因應時勢做過無數次修正，那則是社會金字塔底的勞動者生存搏鬥的痕跡。「八棟圓仔湯」第一代賣過冰品、賣過肉粽，也賣過蚵嗲，自己醃漬小黃瓜搭配各式各樣的創意炸物：炸年糕、炸地瓜片芋頭片、炸燒肉、炸蝦仁……「亂炸就對了！」爲了生存小吃攤商也必須發揮創意，林督欽回憶起賣炸物的時期還賣過炸菜捲，「用一支蒜尾還有兩支芹菜裹粉炸，保留了水分，鹹酥好吃，吃起來很甜。」

「八棟」篳路藍縷的草創初期，能夠親手生產的食物都不假他人之手，最經典的自家產品之一是冰料的「漬楊桃」。許多老顧客至今仍很懷念「八棟」早年出品的自製醃楊桃，林督欽說他們家醃漬楊桃後剩餘的楊桃水都送人，「沖熱水，**會當去嚨喉結蹐**（**kiat-lan**，結繭），兩、三天就會好，」很多需要搶救破鑼嗓的人都會來要，附加楊桃水免費，自漬楊桃的誠意無價。新鮮酸楊桃必須醃漬一年，隔年才能使用，因此每一年清明節回虎尾掃墓，林督欽都有一項重要任務：蒐集一整年分的土楊桃。林家與栽種楊桃的人家講好，以棵計價，包下整株樹所有的土楊桃，清明掃墓期間，他總是挨家挨戶拜訪家中植有楊桃樹的老宅，自行採收。每逢這個採收的重要時節，林家總有非常務實的運輸計畫：兩老坐巴士南下，身負載楊桃重任的林督欽則自行開轎車返鄉，有修車專業技術的他提前將轎車裡前後兩排連座長椅通通拆除，「早期沒有人配安全帶，沒有人在意這個東西，全部拆！」拆到只剩下他自己的椅子，只不過為了裝載足以填滿三只三十加侖大桶酸澀的土楊桃，他自己的尊榮駕駛座是「用鐵線綁牢的國小學生木課椅」，那畫面太有張力，壯丁如他坐著小學生的臨時特別座，腳踩油門，一路開到虎尾，開始摘楊桃。

「回來就洗一洗開始切，星型頭尾去掉，隔年可用；先加鹽，再加糖，漬好鹼性楊桃不會壞。」林督欽談起事情的來龍去脈宛如拆解車輛，講究結構邏輯，飽含數據、年分，還有事情的前因後果，聊食物的製造過程經常談及食品成分的化學變化。八棟糖分的調製依照節氣微調，冀求客人冬天吃得暖、夏天吃不膩口，「煮甜湯是很科學的，」他說：「每一年降水、氣溫不同，會造成當年穀物的不同風味[1]。」火侯與口味控制靠經驗，選穀物也有眉角。紅豆湯必須使用硬殼紅豆，悶煮四小時，豆膠融出再加糖，續煮一小時，才能有甜湯店講求的「皮破卻不散」的綿密口感。花生湯使用的是宜蘭軟香少油的沙仁花生，熬煮起來湯汁乳色不濁黃，每年與宜蘭農家合作，契作收成冷凍以穩定品質。

從賣刨冰開始到現在專賣甜湯，中間有個長長轉折，林督欽看媽媽做生意辛苦，家中食指浩繁，會與舅舅合夥做電腦周邊零件代工，於香港、中國經商七年，由太太獨守八棟攤位，一直到孩子就要邁入青春期前，黃素青告訴丈夫：「小孩如果叛逆學壞，賺再多錢都沒用。」林督欽才下定決心在香港回歸那年回到台北。

林督欽返台與妻子連手掌舵，夫妻倆沉澱了半年，先是買了一個七呎大冰櫃擺水果與冰料，確立接下來的營業方向，夏天賣刨冰，冬天就賣暖心的甜湯。水果新鮮現剖現賣，刨冰生意搶搶滾，忙到沒時間好好吃飯，經常隨便以冰品代餐，操勞過度的黃素青生了場病，他們都還記得，手術完的那天是端午節，爲此他們休息了整整一個夏季，從此不再賣刨冰，四季皆賣甜湯。

## 糖與信任

問林督欽有沒有什麼商業機密是不希望公開的，「我跟你講的東西都不是祕密，」林督欽很坦白，食材也一樣：「不能告訴別人的東西就不要吃。」以往有朋友的孩子開早餐店向他請教紅茶的做法，他也坦然地教，覺得無所謂，和對方講：「也有些東西就是要經驗，教人我沒有關係，我有四十年的經驗，你只有四天經驗，教只是常識與知識的分享。」

除了以契作、食材冷凍等方式保持食材品質穩定，八棟做湯圓在無塵室，木耳與蓮子這類食材要求供應商提供檢驗報告，原料、外袋包裝資訊登錄政府架設的食材網路平台，掃QR code即可追溯來源。雖然經營的是路邊攤，遮雨棚上特地寫上一行字：「本店採用愛惠普淨水設施製冰，請安心使用。」強調連用水都是特等，或許是想扭轉成長背景中對製冰品質的不良印象（林督欽回憶起小時候路邊攤賣的冰品，經常只是「用古井水攪一攪」），但更多的是重視品牌給人的信任感。

南機場自治會辦公室在夜市側巷之中，簡易辦公桌的背後寫了兩個車輪般斗大的紅字：「誠信」。擔任自治會會長的林督欽常對原材供應商說：「你面對的是我一個人，但我面對的是很多人，我的責任比你大多了。」亦會把合作四十幾年的老廠商換掉，只因爲對方爲了賣進口糖，告訴他「台灣沒有產糖」，摧毀了他這位虎尾人的信任。「我老家在虎尾，過年那時候虎尾都在做糖。」聽到老廠商的謊言，他不可置信。在他還沒有出生之前，一九三〇年代，台灣糖產量曾名列世界第三，如今製糖成本遠遠高於進口糖，台灣目前僅存雲林虎尾與台南善化兩地糖廠還持續種植甘蔗與製糖。報導指出：「每年一到三月是糖廠製糖時間，當煙囪開始冒煙，這時的虎尾與善化的空氣中都有著濃濃的蔗糖香甜味[2]。」聽到丈夫提及虎尾與糖，黃素青繞過來在一旁插話：「他家在虎尾中正路上，結婚的時候在那邊住了一個晚上，很想借錢去買回來。」彷彿在幫丈夫疼惜某種甜的回憶。

堅持選用台灣糖，除了在地新鮮，林督欽可是經過一番評比：「泰國的糖帶酸，羅馬尼亞的則酸又不甜。」他覺得台灣糖香氣與品質遠勝進口糖。虎尾的糖在他心中有重要的分量，虎尾的冰店也是。在他的青春記憶中，虎尾有三家當地人最愛光顧的老派冰店，每一家都各擅勝場，當地人從小吃到大，冰室也是約會聖地。他指出：「早期的冰料都現煮，比較軟也比較好吃，如果不這麼做，做太多放冰櫃，水分會被吸得乾乾的，不會滑順好吃，大豆小豆冰久了就口感硬，」講一講他又開始科學解說：「（以往熱天）一次煮很多的話，下午如果遇到西北雨，沒有客人，晚上要是還沒有熱起來，空曠的地方輻射效應，日夜溫差太大，剩餘的冰料就會冷掉、硬掉比較不好吃。老一輩的比較省就會一點一點做，比較新鮮、比較好吃。」

十幾年前，一位與他同樣對虎尾冰品有濃濃鄉愁的老同學剛當上董事長，馬上與林督欽商量開連鎖冰店，「你眞的夠格，」老朋友說。計畫起了一個頭，行銷logo都做了，連鎖店的名字叫「阿King」，是「阿欽」的諧音。豈知當時林督欽身體出了狀況，不願意收人家加盟金而沒有餘力好好輔導人家，連鎖帝國沒有建起，林督欽也覺得無所謂。早

誠信

年生活的歷練讓林督欽養成了剛強的性格，他說：「我覺得人生在世，做什麼就像什麼，沒有很像也要三分入木，台灣話說：『**愛有臭破布味仔**』（ài ū tshàu-phuà-pòo-bī-á，要有一點本事），這是態度，至於可不可以賺錢，都看天。」

## 南機場公寓的前世今生

現在走在南機場夜市，難以想像當年這條無名巷是如何地空曠，小吃攤占滿整條街之後，公寓牆上碩大的數字編號在街景的蕪雜中不再顯眼，街道兩側的老榕樹變成可有可無的風景，蓬蓬然的樹冠從小吃攤的頂棚上方探頭而出，有種莫可奈何的模樣，退居小吃攤後方的路樹多半受到屏蔽，而樹與樹之間那些曾經試圖營造悠閒生活氣氛的白色鐵支椅，早早不知去向。

實際上，就連南機場公寓本身的原本樣貌都已難以辨認，各式各樣有機生長、浮誇蔓延的違建陽台從建築本體的每個角落異軍突起，看起來幾乎像縮小版的九龍城寨，如果不是有意識地抬頭細看，很少人能從今日斑駁、拼貼藝術般的建築外觀中辨識出原本建築乾淨俐落的紅磚牆。南機場公寓一至七棟皆設有「旋轉樓梯」，早年是相當摩登的建築設計，樓梯中央是垂直的垃圾投放口，各戶不必下樓即能投遞垃圾，方便垃圾處理員在一樓統一處理垃圾，只是這特殊的功能早已關閉，現在這些旋轉樓梯變成了喜歡拍攝城市廢墟與頹圮風光的攝影熱點。黃素青在一九八三年嫁過來，在這個社區住了三十幾年，親眼見證了南機場夜市的劇烈變化，然而無論這些樓房如何變形金剛似地長出花樣百出的違建機關，在她眼中這些公寓依舊長得太像，她還是很常走錯樓回錯家，「房子長得很像，很容易走不對，自己也會走錯——上樓發現怎麼門紅色的變青色的，只好重走一次。」

南機場公寓也許曾經看起來「像某個氣氛閒散的西洋郊區小鎮」，但最初創建的功能是收納河岸低窪地區大量的違建拆遷戶，南機場公寓的誕生是台灣城市發展史中重要的篇章，也是社會階級與都市空間研究經常關注的焦點。

「南機場」最早是新店溪匯入淡水河右側的一塊低窪沼澤地，一直到一九六〇年代尾聲，南機場公寓南邊與青年公園之間都還有大片池塘。清朝時期河畔這一片低窪地稱為

「加蚋仔」(今惠安街以西，萬大路與新店溪之間)，自從福建泉州同安、漳州人移居後，此處一直是台北盆地內最大的香花作物生產地，廣植茉莉花、秀英花等香花，專門供應大稻埕窨製(薰香)花茶，因而日本政府以東園、西園為町名，今日猶在的東園路、西園路的名字仍有歷史的花香餘韻。一九二二年至一九三四年間，日本政府在此陸續地闢建練兵場，又在一九四三年至一九四四年太平洋戰爭時期徵收農田做為飛機起降跑道，因而這一塊區域相對於「北機場」松山機場，泛稱為「南機場」。

戰後國民政府接收南機場，戰時徵收的農田歸還農民，再度成為麻竹筍生產用地，二十餘甲地闢為高爾夫球場，另外五十幾甲地在隨後的十年間，陸續興建大量客難式二層木造房屋，做為隨軍來台的軍眷住宅。張大春的小說《城邦暴力團》曾經以南機場與鄰近的眷村空間為背景，描寫過一個「看不見的城市」，代號「竹林市」(或許影射當年那豐富的麻竹林)。小說裡首章的開場即是主角從五樓窗口一躍而出，雙腳落在南機場公寓入口旁的中華路與西藏路口紅磚道，那竹林市之亂，「非由人誤闖不可」，首章的最末一句這麼寫著。南機場這一帶戰後是如此克難，收容之人如此之多，生活在這樣的地方，不免時時出現「誤闖」的感觸，像無名巷這樣的地方，它最終的發展自然也是誤闖的結果。

南機場不僅僅收容來自對岸的異鄉人，也收容當時大量湧入台北的城鄉移民，很快地成爲台北市範圍最大的違章建築區。一九五〇年八七水災後，來自彰化、雲林、嘉義的受災戶大規模北上，在南機場區域搭建違建棚屋謀生，一九六二年，南機場的戶數在這短短十年間爆增五倍，達到七千八百戶[3]。

因爲地勢低窪，南機場地區每逢颱風總是遭遇嚴重的風災水患，南機場夜市所在的南機場一期整建住宅順應而生，成爲安置堤外違建的拆遷戶而建築的第一棟國民住宅[4]。

一九六四年，由香港的英國建築師設計，以歐美最新建築工法興建的南機場公寓完工，這些包浩斯現代風格的連棟紅磚樓房在當時是媒體寵兒，十分風光，五層樓的建築高度在當年鶴立雞群，傲視鄰近一片平坦的南機場區，全社區設置地下電纜，無地面電線桿的路面看起來清爽簡潔，社區還擁有自己的學校（忠義國小）、菜市場與地下社區避難室，家家戶戶有現代化廚房與當時最先進的沖水馬桶，據說當地居民遇到外賓來訪，還會被要求示範沖水。在官方的大力宣傳之下，這批標誌著現代化成就的集合住宅社區有當時的行政院院長嚴家淦前來爲落成剪綵，與會者冠蓋雲集，新聞畫面不但轉播行政院長致詞，還特地拍攝公寓內的廚房與馬桶設備[5]，無論是歸國華僑或者來自邦交國的領袖、貴賓來台，經常都會被帶到這個具有指標性的南機場公寓參觀，這個新穎現代化的社區幾乎是以模範生的光芒萬丈之姿竄起。

南機場公寓成爲政府對外國際宣傳的進步示範，也成爲吸引外縣市移民到台北打拚、成就遠大前程的投影。在林督欽印象中，早期社區通往市中心（植物園方向、連接和平西路的區域）的交通要道爲「八棟」旁的一條小巷，巷子窄小卻十足風光，巷內開了五家西藥房、兩家中藥房、五家檳榔攤，三餐與宵夜各式餐飲店林立[6]，每天車水馬龍，上下班時間必堵車，如果當時的南機場公寓是台北市中心這個「母體」的衛星城市，這條小巷就是兩者之間的臍帶，提供了民生所需的養分，各行各業「**食頭路**」（tsiah-thâu-lōo，上班就業）的勞動者飆高了台北城天際線，也雄壯了都會的經濟活動，小巷象徵著這群來自異鄉的蟻族於城市核心與邊緣穿梭留下的足跡。

根據《計劃城市》中的南機場報導，這十一棟公寓的住宅面積，是依照前期調查中違建戶居住的空間大小，歸納出三種住宅坪數，[7]聊天的時候，身爲住戶之一的林督欽順口說出甲乙丙三種住宅的容積與戶數，彷彿腦中自建Excel檔案：「八到十一棟都是八坪，所以有六百二十四戶；比較漂亮的是一到三棟（有家眷的），只有八十八戶；四到七棟（配給沒有孩子的夫妻，不用抽籤）不到一百戶，大概九十幾戶，但是因爲他們覺得小不願意搬過來，於是就撥給國民黨做爲中華民國第一批的國民住宅，大肆宣傳。多明尼加、巴拉圭、烏拉圭那些國王、總理來的時候都會來參觀。」

爲了將最佳儀容展示給外賓看，「模範生」時代的南機場公寓清湯掛麵，建築外體除了國旗之外鮮少有其他雜物，外賓來訪住戶更理所當然必須配合政府高掛國旗。林督欽說：「國王什麼的來，管區會出來吼——那個××號啊！國旗還沒有掛！」國旗是從哪兒來的呢？他朗聲笑說：「國旗要我們買！你不但要買還要掛，他叫你掛就得掛，沒有掛還會罰款，所以從外面看都乾乾淨淨只有國旗桿，衣服都曬裡面，樓梯間就是我們的曬衣架，四根竹竿。」話鋒一轉，他說：「早期的人感情比較好，因爲衣服都晾在一起，每天出來都會碰到，這裡的人夫妻感情比較好，不好意思吵架，一吵架隔壁就會聽到，我時常跟他們開玩笑說，做愛的時候也要小聲一點，不要吵到鄰居；隔音比較不好，但是算堅固，九二一天搖地動還是承受得起。」

提及公寓的原始樣貌，黃素青特別指出：「窗戶都是ヒノキ（檜木）喔！」南機場公寓那些美麗的ヒノキ老窗湮沒在四面八方搭蓋的違建陣列之中，大多數已拆除。雖然也曾經有外觀現代、新穎的風光過去，但南機場一期整建住宅的內部坪數八到十四坪，並不能滿足新時代的需求。路不轉人轉，既然空間不敷使用，居民開始占用公共空間，或者用各種方法朝各個方向搭建違建，爭取居住坪數的最大值。「窗戶會弄出來，因爲住不下啊，台北寸土寸金，要買房子哪有那麼容易，」住戶林督欽說：「大家都搭（違建），要選舉的時候就『推！推！推！』（將外牆或窗台推出去）。」爲什麼要趁選舉的時候？「選舉前那個時候是空窗期，就『推！推！推！』，被檢舉的時候，議員會幫住戶關說，請他們幫忙，大家互相學習都用這個門道。」

講到這裡，一名老奶奶緩緩踱進店面找了張椅子坐下，「阿桑妳好，妳吃飽了嗎？」

林督欽說。阿桑說：「我出來散步啦！」笑盈盈的。林督欽解釋，阿桑賣涼麵的，賣了四十年了，跟自己的母親是好朋友，本來林媽媽與阿桑都在「無名巷」並肩作戰賣小吃，最後阿桑因爲警察驅趕轉移陣地。

## 跑警察

「跑警察」的追逐戰是所有從街頭起家的老店回憶，「本來這邊統統不能做生意，因爲以前12路公車在這邊迴轉，從307巷轉進無名巷，再從309巷出去，這裡是迴轉道。」林督欽解釋，無名巷本來設計爲新穎社區的中央大道，多年後竟充當爲都市公車的迴轉道，就像香港北角春秧街定時噹噹穿越人群而來的街車，公車引擎的低吼與轉彎的機械聲響，提早捻熄了早年寧靜的社區情調，埋下了日後成爲鬧市的遠因。

南機場距離萬大路的中央漁獲市場和第一果菜批發市場很近，民生社區到中央市場算一段票，當年民生社區餐廳業者一大早便大老遠坐公車來採購，要上菜市場只能搭12路公車，這條「迴轉道」算是交通網絡裡的隱形樞紐，穿過它，才能買菜，才能滿足許多台北人的胃。公車總站遷移至青年公園的高爾夫球場，接著遷移至東園堤外後，12路公車不再需要特地繞過無名巷迴轉，無名巷沒有公車穿梭，攤販隨之陸續現身。

林家的小吃攤生涯於是上場，並結結實實在街頭跑警察跑了好幾年，警察一來就得推著沉重的攤車跑到巷子裡躲起來。林督欽模仿警察來開單的語氣：「**莫走莫走！林督欽莫走！莫走啦！今仔日開你的！**」他們的攤子在路頭，警察來了他就大喊示警，後面沿街的攤販一哄而散，開單集中在他們這個「吹哨攤」身上，他苦笑說：「開到後來管區和我們都變成好朋友。」老闆娘聽了也感嘆：「**彼眞正是艱苦時代，趁一个千二箍，罰兩千四，足艱苦的時代**。」開單最高峰的時期，一個月可以高達六十張罰單，一天之內可能被不同警察開單，「最後愈開愈多，沒辦法繳，後來還上法院。」

一九八二年開始，政府以維護社會秩序、改善生活環境爲目標，推動一系列的改進攤販管理方案，時任內務部長的林洋港說過一句名言：「三個月內要讓台北市的鐵窗業蕭條。」意在整肅治安，取締沒有營業證照的攤販成爲政府伸張公權力的重要宣傳，南機場夜市一直要到一九八六年才正式成立，攤商漸次就地合法，由市場管理處託管。

## 都更與未來

南機場公寓都更的風聲流傳已久，萬大路底的果菜、魚類批發市場與西藏路底的環南家禽批發市場匯集，使得雙園區成爲勞動人口密集的住宅區，當年爲了美化市容、解決水患與拆遷戶問題的都市計畫，跟不上人口成長的速度，也無力改變勞動階層的社會位置。南機場夜市特殊的歷史演進，使得每一個攤位長期寄人籬下，所居面積分屬不同單位，最內側兩米的地屬於南機場公寓社區（當年的人行道，隸屬國有財產管理局），中間由水利局管轄，水溝外面由市政府管轄。

「都更是未來的趨勢，」林督欽說：「如果要都更拆遷我們就要走啦！我們是市政府列管的，有個保障，政府會找個地方幫我們安置。像那中華路八棟，現在都在地下街，我一直在跟市長說，拆遷移過去會有許多問題——轉租暴利會導致市場不均衡，因爲租金壓力太大。安置攤商是政府的美意，但是如果攤商已經不欠缺（攤位），應該要釋放出來，把它讓給眞正需要的人……攤商有不做的權利，既然不做了，小孩也不接了，那就

留給眞正需要的人，以後市場規畫應該是出租、永續的。」他想得很開，對於大環境的發展，他更在乎的是工作機會的流動。現在有在談都更嗎？他坦承，有很多方案，但都更談何容易，「價值的東西很難界定，中華路那邊租金比較貴，不見得租金貴就做得起來，人有慣性，夜市不見得第一攤生意特別好，氣候、心情喜好、前面和後面，能不能賣都看個人的經營，就像賣場一樣，擺設也是一種哲學。」

在甚囂塵上的都更傳言中，社區老化是不爭的事實，上個世紀衆志成城爲這個夢想家園打拚的向心力已煙消雲散。二〇二〇年，忠義國小的新生僅存一位。

採訪到一半，一名女娃哭著走到門口，「啊，孫女來了。」林督欽說著，老闆娘迎上前抱起女娃。林督欽的三名孩子都是讀忠義國小長大的，然而在此落地生根的林家第四代也許不會留在曾經爲南機場公寓量身打造的忠義國小。

「八棟圓仔湯」的家庭關係緊密，黃素青經常攬著丈夫的手說事情，不吝於讚美；夫妻倆談及孩子與父母，總是充滿呵護。現在，林督欽的大兒子與媳婦也加入八棟圓仔湯的第三代經營，林家四代目前同住在南機場公寓，在當地已經是少之又少的了。

## 看不見的城市

張惠菁曾經在獨立出版的雜誌《Flaneur Magazine》上寫了一篇〈我的母親不記得的萬大路〉[8]，描述她的母親在一九六〇年代來到台北，「當年有許多人和她一樣，在台北的第一個落腳點，是在這座城市的南邊，現在的萬大路附近，一個叫做『加蚋仔』，半像城市、半像農村的地方。」她問起母親六〇年代那附近有什麼，她母親說：「什麼都沒有。」

「怎麼可能什麼都沒有？」

「眞的就是什麼都沒有啊。」

再追問，張的母親才說：「有很多竹林，和用大缸種的豆芽菜。還有茉莉花田，茉莉花是製香片茶用的。」基本上和日治時期所去不遠。

也就在那個時代，那個「什麼都沒有」而輕易讓人遺忘的城市角落，在那個充滿異鄉客的土地上，南機場公寓麻竹筍似地極速抽高，在這經常讓人忽略的「看不見的城市」中拓出一條無名巷，巷子的兩側種滿榕樹與對於良好生活的想像。

終有一天，有一戶來自虎尾的林家人將住進這個擠滿了異鄉人的社區公寓，隨後在無名巷的一株榕樹旁擺起流動攤販，在這株榕樹上扎下一根長長的鐵釘，以它爲軸心，掛上粽子還有一家子的生計。而這無名小攤總有一天會擁有屬於自己的位置，以及自己的名字。

**八棟圓仔湯**
台北市中正區中華路二段 309 巷 20 號
（南機場夜市牌樓入口第六家）

## 注釋

1 林嘉琪，〈把客人當自己人：超有誠意的酒釀甜蛋湯〉，《鏡周刊》，2017。

2 陳志東，〈用甜甜蔗糖開啟新年〉，《AGRI鄉間小路》2020年二月號，頁47。

3 林秀澧、高名孝主編，〈南機場公寓：安置違建的整建住宅〉，《計劃城事：戰後臺北都市發展歷程》，臺北：田園城市，2015。

李秀美，〈南機場獨特的國宅文化〉，《臺北畫刊》，臺北：臺北市政府觀光傳播局，2001。

4 1961年的波蜜拉颱風吹毀了違建1402間，導致八千多人無家可歸，催使政府雙管齊下，啟動了南機場軍事用地新闢國宅、低窪地區防洪的計劃。

5 〈南機場國宅落成〉，《台影新聞史料036捲，世界新聞第165輯》，臺中：臺灣電影文化公司，財團法人國家電影中心典藏，1964。

6 今汀州路一段92巷連接植物園南端的和平西路二段104巷。隨著鄰近大路開通拓寬、小巷改為單行道之後榮景不再。60年代為主要連結市區通道，參見〈臺北市街道圖〉，聯合勤務總司令部，1967。

7 若原住戶坪數在十五坪以上者便分配到甲種住宅，十到十五坪者配乙種住宅，十坪以下者配丙種住宅。《計劃城事》，頁45。

8 張惠菁，〈我的母親不記得的萬大路〉，《Flaneur Magazine》，柏林：Flaneur Magazine，Issue 8，2019年10月。

# 柳川畔，四神冰



以台中公園西南角為起點往西走，不到三分鐘的路程即達四季春甜食店。小店開在自家騎樓，四周的街巷安靜，鄰近的許多門戶大多鐵門深鎖，人煙寂寥，有種年華已老的舊城氣氛。

小攤低調，圍繞著「四季春」店招的所有道具都像走錯了時代，恍若有雜訊的黑白電影裡才會出現似的。舊式攤車嵌入幾個湯鍋，其中一只是精緻附耳的紅銅製湯鍋，鍋蓋可從中向上折疊，掀開半個鍋蓋，熱煙徐徐裊裊，隨時能下圓仔，這款紅銅鍋比當代小吃攤的不鏽鋼鍋小了一大圈，也不如現下餐飲業者愛用的不鏽鋼那樣鮮亮，散發紅銅特殊的赤褐啞光。

舊攤車一側的玻璃小櫃擺了一碟碟小盤，綠豆、薏仁、百合與膠狀的一丸膨大海少量間放於花盤上，配料分量極其克制，也是一種老派甜湯店的作風。店家希望配料是新鮮的，濕而不潤，維持沒有受到冷藏而乾枯的口感，吃也要及時。連湯匙都古得像博物館櫥窗裡的文物，其中兩只天藍色琺瑯鐵湯匙舀面寬大、握柄短小，看起來更像停泊在綠豆或百合上的小舟，只是這湯匙到底有多老了？歲月穿透了琺瑯也穿透了鐵，湯匙底端已鏽出細細的縫。玻璃小櫃前方一落落的瓷碗，有碗內繪有山水、碗底寫著「清輝窯」與碗底寫著「東窯」的青花碗（老闆說拿到鶯歌賣的日本剩貨），全都是絕版了數十年的老件，舊攤車上長年安置湯杓的素白老陶碗，湯杓握柄落下之處磕出了一個凹陷，直到最近才換了個新碗。

紅銅湯鍋的一側擺了一碗拳頭大的糯米糰，如果客人點了圓仔，老闆便會走到攤車前拿起糯米糰，輕輕撥下一角，兩手順勢搓揉成一個指頭寬的糯米短棒，交由左手捏著，以右手食指腹削之，一粒粒湯圓虛線似地整齊落入熱水中，濺出「啵啵啵」細小的水花

### 圓仔湯

臺南の露天飲食店の集る盛り場で圓仔湯を味はつた。汁の中に多量の白玉に似たものが入り、それへ數へられるほどの鶉豆が加へてある。汁粉風のものだが、それほど充實した味ではなく、別種の澄んだ味で、なかなかうまい。もつとも汁粉にヒントを得て、近頃考案されたものかと思はれる。

繪はその圓仔湯に入れる白玉風のものを小さく刻んでゐるところだが、團子のやうにしてあるのを、掌を合せて小指ほどの細さの棒狀に伸ばし、それを片手で繰り出しながら別の片手の指でチョンチョンと切り落すのだが、刄物では切り離いらしいのが、手藝のコツで、見事に切り落される。

私は盛り場で數々のゲテ物を飽食し、そのあとでこの圓仔湯をすすり、身心とみに爽かになつた。爺さんの手が清潔だつたかなと考へたのは歸北してからの事である。

立石鐵臣，〈圓仔湯〉（擷取自國立臺灣圖書館日治時期期刊影像系統）

聲，製程十分動感，圓仔浮起後立刻過冷水，小湯圓因此軟嫩又不失咬勁。這手法自然也是古法，日治時期專門介紹台灣風土的《民俗臺灣》雜誌上，立石鐵臣繪製連載的〈民俗圖繪〉專欄便曾出現過「圓仔湯」的素描與敍述，插圖中的攤販正兩手搓著細長條的糯米糰，準備以指切圓仔入湯鍋，這番景緻讓來自異鄉的畫家駐足稱奇[1]。第三代的四季春老闆王文宏說，他不用現成糯米粉，用的是上一代傳的老方法，糯米泡水半小時，磨粉、壓成粿粞，再搓成糰。他說，用機器做當然比較有效率，但是機器會卡粉，糯米糰通過機器勢必得加粉或油才能解決糯米沾黏的問題，「怎麼會好吃？」在效率和口感之間，他選擇後者。如此費工，使得街頭仍持續使用這種削切手法做圓仔的小吃攤近乎銷聲匿跡。

王家的牆上掛著第一代經營者王波的舊照，一張是王波穿著合宜西裝的全身照，場景在不遠的台中公園望月亭前，看起來神采飛揚，有出遊的開朗神情，當時台灣知名風景區都有好幾位攝影師排班駐點服務，這張照片亦是王波請攝影師「出外景」所攝。

另一張是一張大合影，王波與二十多名同樣穿著白色制服、頭戴菱形白帽的攤商於第二市場門口前列隊的合影，第一排中座幾名穿著西裝與軍服者應是地方政府管理者；

如果要王文宏指認阿公，他會指著後方左起第二位那位帽子歪斜的年輕人影。這張看起來是要彰顯第二市場管理水平與現代化門面之官方合照下方，黑底白字寫著幾行字「四季春甜食店惠存」、「台中市新富市場飲食業者著衣式紀念」，拍攝日期爲昭和十三年五月六日（一九三八年）。

王文宏指著這張大合照說，阿公（王波）在第二市場還沒有興建之前已經在柳川附近大排的榕樹下賣冰，市場蓋好後被趕進去擺攤。這段由外而內的收編過程有一點歷史背景，一九〇四年，日本政府積極推動台灣公共衛生，公布了市場管理辦法，確立了市場公營原則，又在一九一一年發布《台灣市場取締規則》，禁止民間經營市場買賣，由統督府統一管理[2]。自此台灣各地將攤商集中管理的「新式」公共市場紛紛建設成型，一方面增加群聚效益、增加市場的交易量，同時也更能方便管理市場衛生。

第二市場落成的時間爲一九一七年十一月，若王波在此前已經營攤車生意，四季春最原始的創立時間算起來已超過百年。此後，日治時期的「新富町市場」（今第二市場）經歷過數次的改造工事，擴充冷藏設備，於一九三一年增建兩棟簡易賣店，並且在

光復路
108
(原第二市場)
百年
四季春
老店

一九三六年經歷祝融之災後重建部分店鋪。王波與其他業者合照的時間點，是在市場建設與外觀相對穩定的時期，之後一直要到二〇〇四年，台中市政府才再度對市場進行一次大規模的整修。

戰時，小店因缺糖而增加圓仔湯的選項，四季春賣冰品也賣熱湯，逐日做出了口碑。四季春甜食店最特殊而他處難尋的獨門滋味，除了手削圓仔，當屬「四神冰」。客人點四神冰，王文宏便會從舊攤車旁的玻璃小櫃裡舀出一小匙一小匙的百合、薏仁、綠豆、洋菜凍、澎大海配料，將小吃碗移到古董製冰機下（老機器耐用，至少有七十年以上的剉冰資歷）[3]，轟隆隆地安置一座冰山於四神之上，最後從一只黝黑老陶甕裡舀出一杓糖水，四神冰滋味清爽，甜而不膩，是四季春的招牌。

四季春第二代的經營者是王波的媳婦賴淑貞，王文宏的母親。戰前賴淑貞的父親也是在新富町市場魚販部販賣魚丸的攤商，王賴兩家依媒妁之言結爲親家，賴淑貞從娘家攤位走向王家攤位成爲媳婦擔當之時，正値二十一歲花樣年華。賴淑貞年輕時是有名的「市場之花」，人們以台灣話稱她「黑貓」，日治時期市場裡已有許多穿著西裝的「紳士流氓」在市場內惹事，在這樣的環境中，「黑貓」賴淑貞也學會一身硬骨，據說曾有**虎仔**（hóo-á，小流氓、馬前卒）來胡鬧，十幾歲的賴淑貞當場摔東西開罵，風聲傳了出去，示威者也對她禮讓三分。

戰後，王波將攤位傳給賴淑貞經營，經營的過程中也曾經賣過日治時期相當風行的蜜豆冰（日文為「ミツマメ」），以冰刀手工剉出粗糙的冰粒搭配冰料，也曾賣過水果，最後峰迴路轉又重新賣起王波創業時的品項，此後，賣的東西口味沒變，品項有減無增。

唯一有改變的是，現在的四神冰裡面其實有五種料。許多人都喜歡在攤子前算數，指著碗底問當家老闆為什麼四神湯有五種料？王文宏轉述上一代人的說法，二次大戰時期，南洋進口的貨運來往中斷，他的祖父暫時以洋菜凍取代膨大海，後來乾脆把「非常時期」的洋菜凍加入原本的四神組合。

四季春賣「三樣冰」、「四菓冰」也賣「四神冰」，「三樣」指的是：花生、紅豆、圓仔，「四菓」為：圓仔、洋菜、蜜鳳梨、紅豆；「四神」則是：綠豆、膨大海、薏仁、百合，所有配料皆自製。曾經有客人在報紙登文描述：「照說客人愛吃什麼點什麼，這家

『老店』卻是有老店的規矩，『四神湯』切切不可與四菓混合。若你想混著吃，她不賣，如果你嫌她湯料太淡或太甜，她就拉下臉來與妳辯，眞不枉『老』派頭。……『老店』連煮紅綠豆也有規矩，『四菓』、『四神』樣樣都有工夫，所以嫌不得。『老店』的掌門不只要『專業』傳承，『個性』會因時間的塑造而呈現『風骨』。」[4]一席話生動地側寫出黑貓的氣場。

王文宏傳承攤子，守著工夫：煮熟的冰料忌生水，收店時鍋具加熱擦拭，站上舊攤車前煮料切圓仔前必定洗手；花生要手工除去薄膜，紅豆要逐粒剔除不良者，再以鹽水反覆搓洗除塵殺菌，慢火熬煮兩個半小時才加糖調味，最後關頭才下糖，讓紅豆不因收縮而失去綿而不破的細滑口感。四季春的紅豆湯甜得厲害，糖分的比例是上一代傳下來的，據說有日本客人嘗了他們家的紅豆，竟然直言這是「戰前」特有的甜食甜度。王文宏和媽媽一樣堅持，他認眞覺得紅豆湯夠甜才好吃。大概是很多客人反映紅豆湯太甜，王文宏現在會端上一碗紅豆湯後，問客人怕不怕甜，怕的話他附上一碗水，給你自行調配甜的濃淡，但是湯鍋裡的紅豆湯還是要那麼甜。

當時間還充裕的時候，四季春也賣麵茶冰，這也是一款坊間幾乎絕跡的老派冰品。麵茶自然也是王文宏親手炒製，必須以文火豬油炒低筋麵粉數個小時不能停手，待麵粉轉為金黃，逐次加入更多糖、芝麻粉等再過篩，炒好的麵茶此時細滑，與碎冰拌勻後香濃軟順。但是一個人的時間就這麼多，就算有妻子的幫忙，每一樣料都要兼顧不容易，加上必須照顧年事已高的母親，麵茶冰經常是被犧牲暫停販售的選項。

「做生意很累啊！」王文宏家中四個兄弟姊妹，從小幫忙家計，姊姊幫忙前場，其他孩子幫忙後場，如同大部分攤商的孩子，他說：「小時候幫忙家裡做生意，沒有寒暑假，下課沒有第二句話就過來（第二市場）幫忙，做生意很可憐，沒有童年。」他還記得高中的時候，某個星期天和同學約好去烤肉，他向父親求了一個早上，不准就是不准，同學們在車上等到中午十二點才離開，他現在想起來還是很創傷，「沒有自由。」現在他不讓女兒幫手，「從小都不讓她碰」，一方面是這樣的原因，一方面是「考慮到以後社會賣吃的沒有用，賣甜的，現代人不太吃……。」

回想起奉獻了大半青春時光的第二市場，王文宏仍記得那「擠得滿坑滿谷」的全盛時期，除了地處市政與商業區樞紐確保了它的重要性，早年第二市場允許零賣業者進駐，市場管理單位僅收取零賣業者清潔費，空間熱鬧，選擇豐富，人潮絡繹不絕。彼時以第二市場為圓心，方圓百尺內戲院繁浩，王文宏粗估「起碼二十家」，年輕人看電影都來中區，電影散場就到第二市場吃點小吃，學生下課、約會經常相約到四季春攤位會合。這些學生族群又屬懷恩中學最多，中正路（今台灣大道）上公車站多，也許是下了課坐公車到第二市場再各自轉車或步行回家，先到第二市場吃個冰再回家成了許多台中人青春年華的甜蜜回憶。

王文宏於一九八七年發生車禍，命在旦夕，動了開腦手術，賴淑貞為了照顧兒子，賣掉第二市場的攤位，休息了兩年。老主顧說服賴淑貞，家裡距離市場不遠，本來在第二市場顧攤的時候也需要在家備料，再千辛萬苦地將食材移動到市場，不如在家繼續經營，老客戶走得到就會繼續光顧，王家考量後遂重新在光復路的家門口另起爐灶，由原本便在市場內協助的賴淑貞妹妹協助經營。

目前擺在四季春騎樓下的木桌，其中六張是從第二市場搬回來的，王文宏記得這些桌子尚未釘不鏽鋼皮之前，父親年年替桌子上新漆，「好漂亮啊，連椅子都上，後來可能是有年歲，塗漆失敗要磨，重新上漆很麻煩吧，所以桌面包了不鏽鋼皮。」

二〇一二年，賴淑貞打算退休收攤了，兩年後王文宏重新掛回四季春招牌。「我本來沒有打算接，」他說：「不過長輩年歲大了，外面工作不好找，兩害取其輕，回來照顧家裡、照顧長輩，賺少一點，父母在不遠遊嘛，本來有個台東的工作機會，乾脆放棄，回來顧家裡的攤。」兒時幫手的記憶此時幫了忙，做甜湯的細節靠母親的指點下很快就能上手，接手家業沒有時差。幾年前賴淑貞接受採訪的時候以台灣話說：「**賜子千金，不如教子一藝**，有一技之長比什麼都好，三頓就不用煩惱，這叫做教育，家庭教育[5]。」

今日，四季春的附近街坊一片寂靜，王文宏說自從中區這一帶改為單行道之後，交通不便、車流減少，加速了老城區的沒落，這也是許多當地人的看法，第二市場的六角樓在百年紀念展覽文宣也指出了這點，儘管這並不是一個城區老去的全部理由。

台中做為台灣的新興都市，成形於日治時期的都市計畫。清領時期的市區放眼看去只有水田集散落的聚落，一片荒涼[6]。日本政府規劃的台中第一個市區計畫於一九〇〇年發布，奠定台中市區棋盤式街廓的基礎；一九一一年再次公布修正的市區計畫，保留了柳川、綠川，清除清朝舊建築，確立以鐵路爲核心發展的都市面貌，整建出寬闊整齊的街道。

爲了將台中打造爲中部樞紐都市，一九〇八年台灣縱貫鐵路全線通車的通車大典選在台中舉辦，爲人津津樂道。一九二六年台灣舉辦了中部地區首次的「中部台灣共進會」博覽會，主會場分布於台中車站、行啟紀念館、台中公園周邊，由柳川與綠川、台中公園與台中火車站包圍的市區中心地帶，在日本政府的大力宣傳之下，現代化都市的肌理愈趨成熟而豐滿。

柳川與綠川與整齊現代化街廓的結合，爲台中博得「小京都」的美名，一九三六年的《臺灣公論》封底出現了台中都市化的鳥瞰圖，副標寫：「複寫京都的面影」[7]，畫面是從火車站往北延伸的重要地標組合圖，末端的遠景有台中公園與緊鄰第二市場的青果同業組合，如此現代化的都市形象乍看之下與廟宇林立的京都印象相去甚遠，但這小京都之

《臺灣公論》第一卷第十二號，1936年。（擷取自國立臺灣圖書館日治時期期刊影像系統）

美名主要是將柳川、綠川比擬爲京都鴨川、桂川而來。

「小京都」的聲名遠播，使得許多受到觀光手冊鼓吹而來台中遊歷的日本人彷彿受到催眠一樣，集體寫下類似的句子：

東有綠川，西有柳川貫流市區，河畔的柳絲垂至水面，宛如京都的鴨川堤[8]。果然是好都市。有日本內地的京都之感。柳川的川名也很好聽[9]。

台中……氣候溫和，有瀟灑的「台灣京都」之稱[10]。

四季春緊貼著台中公園西南角，左鄰柳川，往南走向第二市場也是五分鐘的短暫路程，日治時期，其所在位置原爲一排木造房舍，是日本太平生命保險株式會社的辦公處[11]，今第二市場旁的新富町通（今三民路二段至民權路口）是中央植有濃蔭大樹的雙向大道，新富町通與台中公園、同樣有雙排林蔭道的大正橋通（今民權路）之間的範圍，構成台中市民最重要的商業與休閒空間，今日的四季春所在位置屬於舊城最繁華商業的西北末端，亦是市區與郊區之界。

四季春位於光復路與興中街轉角，轉到興中街上，不遠可以看見一間掛著古老店招的「大江印刷廠」，特殊的手寫字體透露舊時代的風情，印刷業風風火火的年代，大概是一間熱鬧發出制式機械印刷聲響的店面吧。上個世紀中區的印刷廠、雜誌社密集，反映了台中中區往昔做為文化核心的地位。一九〇七年成立的台灣新聞社為台中地區重要報紙的辦報中心，位於今日的民權路上；一九三四年，臺灣文藝聯盟成立，發行的刊物《臺灣文藝》由中央書局發行，中央書局亦位於「鈴蘭通」（今中山路，日治時期因路燈形似鈴蘭得名），是為老台中人心中的重要文化基地。戰後，具有理想色彩的媒體工作者在台中舊市區百花齊放；一九四六年設立的《和平日報》、同年出版的《新知識》雜誌（同樣由台中文化的推手中央書局出版）、一九五〇年代成立的英文雜誌社、光啟出版社傾巢而出，以文字的力量傳遞文化、傳遞知識的火種、關懷弱勢。信步台中老城區，仍能從些許尚未拆卸的印刷行、雜誌社老招牌中，勉強瞥見那個仍使用排版印刷、打字機為文的時代裡，出版業努力的痕跡。

日治時期，台灣人的生活空間主要位於今成功路（干城橋通）一帶，多以第一市場為主要消費地；新富町市場（第二市場）與其所銜接的中山路（新盛橋通）則為日本人的活動空間，設有豐富的舶來品與高級布莊，同時兼具水果、魚類與蔬菜批發市場的功能，人聲鼎沸。過了柳川，西北側的初音町是日本政府規劃的遊廓，充斥鶯燕處處的娛樂場與溫柔鄉。初音町柳川畔的「小西湖」珈琲屋（カフェー小西湖）是文人雅士喜歡聚集之地，一九三四年台灣文藝作家甚至在此召開文藝大會，成立「臺灣文藝聯盟」。

距離初音町不遠的新富町市場附近，有日本人喜愛聚會的日本料亭「富貴亭」，以及台灣人喜愛聚會的台灣料亭「聚英樓」，今日的第二市場周邊可以說是日本人與台灣人生活的交界，一九二七年由蔣渭水號召的第一個台灣人政黨「臺灣民衆黨」即是在聚英樓集會成立。

一九五八年，故居於柳川畔的膠彩畫家林之助繪製了一幅名為〈柳川〉的田園風景，垂柳青青，田野環抱，幾乎難以想像這是都市即景。這幅作品提醒了我們，台中市區的繁榮建設至二十世紀中期仍局限於中區，柳川穿越舊城區左翼，往西南方流經第二市場之後，很快就來到了一片平坦的原野，柳川以西除了初音町之外多是無垠農田，是以畫

〈柳川〉｜1958｜紙本．膠彩｜33x45.5cm｜私人收藏

林之助膠彩畫基金會提供

中仍能出現牧歌般舊農業社會的殘影。不過，一九八九年林之助再度描繪柳川，題名卻改為〈柳川陋屋〉，描繪柳川上凌空而建、櫛次鱗比的木造違建，在這三十年間，城市景觀已產生翻天覆地的變化。八〇年代，台中港與中山高等十大建設完工，成為南北轉運站的台中匯聚了更多由農轉工、來此發展工商業的外來人口，在都會邊緣興蓋逼仄的水上木造陋屋，在狹縫中求生。

也正是在這三十年間，王文宏的成長記憶中，住家周遭成了台中大湖幫的地盤，小巷內「夜生活比較多」，隱藏了許多私娼寮，當時都市發展急遽擴張，外來人口只能租貸小房子，四季春旁邊印刷廠後巷裡人滿為患，「都是貧窮的人，好多小孩子喔，黑社會時期打架都在後面打。」

與此同時，王文宏家附近出現了許多專門買賣船板鋼板的鋼鐵廠倉庫，他記得兒時生活中日日夜夜都能聽見移動船板的金屬鏘鏘響，三民路與成功路口永遠都有至少五到七輛排班等著將廢棄船板與鋼板載去工廠的貨運車或三輪車，彷彿是都市工商業化隱喻的具體實現。隨著都市擴張，這些工廠在七、八〇年代漸次轉移到烏日等更偏郊的地區，四季春附近的街道也就更安靜了。

在這不同層次的城市喧囂之中，王文宏最喜歡的，大概是離家不遠的中聲廣播電台[12]帶給他的童年回憶。中聲廣播電台創立於一九五三年，雖然創立的目的以天主教的福音傳播爲主，但是也放歌仔戲，一度是最受中台灣民衆歡迎的廣播電台，尤其是每日正午都會廣播的歌仔戲，戲碼除了當年流行、符合時代背景的革命與愛國故事，還有將聖經故事改編符合台灣民情的橋段，最著名的是〈浪子回頭〉（路加福音十五章11至32節）。據說當年中午時間一到，台中、彰化等中台灣地區的許多民衆都要放下手中的工作，耳朵貼著收音機好好聽一場歌仔戲。中聲廣播的歌仔戲都是由中聲歌劇團現場演出、即時播放的節目，王文宏的家與中聲廣播電台只隔著一條街口，每到十二點總會和附近孩子跑去電台看歌仔戲班唱戲，身著家居服的演員對著收音麥克風唱戲還是好聽，街坊鄰里像開同樂會般，聽歌仔戲之餘還能順手買零食，因爲電台播音現場太熱門，四周擠滿聞風而來賣起檳榔與香腸等零嘴的小販。

冬季，偶爾來訪的客人問起四季春是否依然販售冰品，王文宏說，他們家一年四季

季春甜食店

賣的品項都一樣，所以才叫「四季春」哪。

四季春的店門前生長了兩株榕樹，王文宏說，日治時期他們家看得見中尊寺[13]屋簷，家人相信門前兩株老樹有「擋煞」的門神功能。而今，位於興中街、四季春與第二市場中間的中尊寺早已不復存在，若有任何「煞」，或許眞的都已化爲雲煙。至於八〇年代末離開第二市場的四季春，從現在的角度來看，離開的時間點並不差，它看過了第二市場最好的黃金年代，爾後第二市場已顯得遲暮。

「川流不息」，無意間發現，四季春攤頭的招牌上貼了一張看似自我期許的紙頭。此川爲何？是柳川的水，是念舊的人，是台中——在台灣都市發展史的縮影裡，一切的一切涓滴成河，懷抱著進步與富裕的美夢。

四季春甜食店
台中市中區光復路 108 號

## 注釋

1 立石鐵臣，〈民俗圖繪〉十六，《民俗臺灣》第2卷第8期，臺北：東都書籍臺北支店，1943年1月，頁31。

2 游博清，〈衛生第一的新富町市場〉，《市街之味：臺中第二市場的百年風味》，臺中：臺中市政府文化局，2017年11月。

3 1952年，臺灣電話號碼由四碼改為五碼。王家的製冰機馬達上有四碼的廠商電話號碼。

4 木子，〈老店專搓圓仔湯〉，《聯合報》，1989年12月25日，星期一，28版。

5 〈四季春田食店採訪花絮〉，《80/20。八十年的回憶》臺中放送局開幕主題展影像紀錄，臺中放送局，2015年12月26日至2016年1月17日。

6 陳靜寬，〈一座新興都市成形〉，《臺中歷史地圖散步》，臺北：臺灣東販，2017年初版。頁23。

7 〈臺中市：京都の面影写す〉，《臺灣公論》第1卷第12期，1936年12月。

8 宮地硬介，〈臺中〉，《榕樹之蔭》，臺北：新高堂，1933年4月15日，頁61-2。

9 生田花世，〈臺中印象〉，《明るい台湾の生活》，婦人之家社，1942年10月20日。

10 中山喜久松，〈臺中見聞〉，《臺中見聞》，作者發行，1935年4月30日。

11 木谷彰佑，〈臺中市〉，《大日本職業別明細圖》，東京：東京交通所，1935年11月27日。

12 原址吉祥街，1959年擴展遷徙至光復路。

13 來自日本的淨土真宗本願寺派廟宇。

# 哨船頭來的孩子

……三沙灣麵線焿

基隆小吃「吉古拉」爲竹輪的指稱，從日文ちくわ音譯轉化而來，但基隆人念起來有點像「擠咕喇」，全台灣只有基隆人這樣親熱地稱呼竹輪，如某種暗號，若是要知道這暗號的意思，非得要在此生活，非得要多問幾句，或者要進一步理解它的歷史背景。

同樣地，基隆人口中的哨船頭、三沙灣、安瀾橋、流籠頭（又稱「流浪頭」）皆是當地人對城內某些特定地域的代號，這些古地名源自於日治時期，哨船頭的「哨船頭」已不復在[1]，三沙灣的灣港已被填平，安瀾橋不僅是一座橋[2]，流籠頭自然已無流籠[3]，並不具體存在於當代地圖之上，這些朦朧而抽象的概念是在地人熟稔的代號，指稱的是基隆世代傳承下來的認知地圖，也是一連串歷史文化發生後沉積下來的日常用語。

基隆港埠山陵環繞，家住在哨船頭的梁信國小名「阿國」，小時候總要越過鼻仔頭[4]這座小丘來到三沙灣，再蹬著漫長的階梯到山丘上的中正國中上課，阿國開玩笑說：「因爲每天都爬山上學，讀中正國中的基隆人都有蘿蔔腿。」

上坡之前，阿國喜歡在三沙灣的某家店前停下來，買一包麵線焿外帶當早餐，吃法是咬破塑膠袋的一角，不嫌麻煩地高舉手腕，沿途吸食麵線焿上學，到學校手上的麵線焿剛好吃完。當時這家店的老闆身材圓胖，綽號「**大箍財**」(tuā-khoo-tsâi)，是麵線焿的第二任經營者。

說麵線焿陪著阿國長大並不爲過，他仍記得小吃攤的鼻祖是一位來自汕頭的老闆，從幼稚園有記憶開始，他已經在吃汕頭老闆的麵線焿。遙遠的記憶中，第一任老闆個子小、皮膚黝黑，阿國從來不知道這位汕頭老闆的名字，只知道他是汕頭人，家住火車站安一路那附近，每天推攤車出來賣，販售的路線老長，有三個聚點，從安一路那邊推到基隆港東側哨船頭的「第四部」(正義路附近)[5]，最後一站是三沙灣。買得熟了，老闆知道他的名字，沒事就要戲弄一下孩子，以汕頭口音的閩南語對著阿國喊：「**阿國、阿國，放屎有硞硞**（pàng-sái tīng-khok-khok，硬邦邦）！」鬧得小娃阿國尷尬地抱怨：「**你足討厭呢！**」

阿國同樣不知道的是，總有一天，當他長大之後，將成爲這個麵線焿老闆的傳人，做起麵線焿的路邊攤生意——即使是以非常迂迴的方式。

翻開古地圖，三沙灣原本眞的是個海灣。基隆港的東南角爲廟口所在地，往北延展，依序爲哨船頭、三沙灣、二沙灣與大沙灣。大沙灣自古爲一片天然的白沙海岸，沙灘是清法戰爭中法將孤拔（Anatole Courbet）率軍登陸的歷史地點，因而又稱「孤拔濱」，一九〇二年由地方旅館業者倡設大沙灣海水浴場，一九二六年由基隆市役所經營管理，改稱「基隆海水浴場」，是台灣海水浴場的元祖，每年六月上旬至九月上旬開場，其他地區民衆可以搭乘火車到基隆車站，轉公車抵達，甚至從火車站搭乘接駁車搭小蒸汽船前往。海水浴場四周由基隆市役所與私人經營的休憩館林立，曾舉辦煙火大賽、帆船競賽等各式時髦活動，是老基隆人引以爲傲的天然海水浴場，阿國的母親年輕時也曾在這個海水浴場賣冰，生意非常好。

大沙灣、二沙灣與三沙灣皆是天然海灣，一九一〇年，日本政府將大沙灣南側的二沙灣建造爲日軍小艇碼頭，入船町的三沙灣則建造爲漁港，在八尺門漁港尚未擴建之前，三沙灣一直是基隆主要漁港，俗稱「水產窟仔」，港岸製冰廠、船舶修理場、鐵工廠與魚市場圍繞，供應漁港內外的生活必需。緊鄰三沙灣的小漁村熱鬧繁盛，除了因漁港而貴的地理優勢之外，當時三沙灣與南方有「基隆銀座」之稱的哨船頭市中心橫隔著鼻仔頭小山陵，村裡人要到市中心必須繞道而行，交通不便反而造就了小漁村自給自足的小型商圈。

如果三沙灣的漁港猶在，現今三沙灣麵線焿攤位眼前的風景不會是一條略顯擁擠的中船路，而是一灣停滿舺舨小漁船的小港，也許風裡會有海鮮的氣味，豐收的時候有漁民卸漁貨時滿足的神情。阿國成長過程中適逢台灣經濟建設，四方大興土木，基隆港埠順勢擴建，日治時期台灣海水浴場的始祖（大沙灣基隆海水浴場）、二沙灣小型軍港、三沙灣的小型漁港紛紛在基隆港埠的建設中消失於鋼筋水泥之下。一九七一年，基隆港擴

《臺灣公論》第一卷第六號，1936。（擷取自國立臺灣圖書館日治時期期刊影像系統）

三沙灣
麵線嫂
內用
外帶
都須排隊
力勤行帆布

新
茂
基昌
OK
BFR-0992

建工程積極塡海爲地，三沙灣漁港正式無沙無灣，化爲陸地，此後當人們提起「三沙灣」這個抽象的地理空間之時，無論是「沙」或「灣」都將只是古老的象徵，埋藏著往日殘影。

「水產窟仔」的群聚效應帶來了許多流動攤商，三沙灣的市集生氣蓬勃。一九七五年，橫隔於三沙灣與哨船頭之間的鼻仔頭山頭鑿穿造路，往日的哨船頭與三沙灣從此有路直通，如今從義二路前往三沙灣，途經之處得以看見鼻仔頭打穿後的平整山牆。哨船頭與三沙灣的隔閡被打開了，往來市中心更爲方便，漁港消逝後，三沙灣再也留不住人。

九〇年代，基隆市政府爲了整理市容，在目前三沙灣麵線焿的所在地設置了中船攤販臨時集中場，將舊漁港留下來的移動攤販聚攏於一地，目前三沙灣麵線焿的店址居於其中，成爲面向中船路的一排餐飲業者之一，後方爲魚菜市場攤區。然而，當政府給了這些攤商一個正式的位置，時代卻沒有爲他們留下位置，生意逐日凋零，早年水產窟仔的盛況是不會回來了。如今走進中船路旁的市場，眞正開檔營業的商家屈指可數。三沙灣麵線焿生意主要是「外來的在地客」，意指工作或居住於基隆其他區域的基隆人，當地的消費者可能不到一成，阿國說：「這邊房子比較小，以前年輕人結婚都到外面買新的房子，所以就剩下老弱殘兵，老人顧小孩那種，人口萎縮啊。」

基隆的文化傳承，並不彰顯於建築地標之上，除卻砲台等清朝遺跡與零星看起來極致滄桑的建築之外，基隆火車站這一類的地標性城市景觀在上個世紀一直是朝著破壞的道路前進，剷除了基隆海水浴場、拆除了火車站、塡補了港灣之後，最濃郁的歷史風情或許存在於日常語言中對於舊地名毫無隔閡地使用，以及小吃文化裡隱藏的眉角之中。至今，基隆港四周仍保存了精采並且與其他台灣地區迥異的小吃特色，那些古老的飲食習慣泰然地融入日常，被當地人所擁護、喜愛、食用，因而比起那些政治風雨飄搖中不受重視的有形歷史建設，更顯得生機勃勃——「吉古拉」的名號是港都與日本文化影響下的標誌性產物，以復旦路爲首，打著「汕頭」名號的沙茶牛肉結合了南洋風咖哩粉混入麵食或菜餚，則是濃縮了汕頭移民文化、日治時期咖哩洋食風潮、南洋咖哩粉以及煤礦區勞工飲食的超級混搭產品[6]。

賣小「阿國」麵線焿的汕頭老闆到底是什麼時候抵達基隆港的呢？已經無人可問。日治時期由中國沿海抵達基隆港的移民，很高比例來自廈門、福州、汕頭[7]，廈門的麵線焿、福州的紅糟、汕頭的沙茶醬口味抵達基隆之後各自融入了新的地方元素。三沙灣麵線焿或許沿襲了廈門的飲食傳統，卻也加入了在地特色的魚羹（鯊魚漿裹大腸），魚羹與麵線是港都與移民文化交融的副產品。「以前大腸比較貴，現在魚漿比較貴，因為現在魚獲量減少，價格往上調整，」阿國補充說明：「我們基隆魚漿都是用鯊魚漿加粉，加一點調味，魚丸也是；宜蘭用的是「**下雜仔**」（hā-tsa̍p-á）混獲的魚種，基隆的甜不辣好吃因魚漿比較多，與其他地區不太一樣，魚漿多比較Q彈，所以好吃。」魚漿製造的過程中須混合鯊魚漿、粉與冰塊（降溫以維持魚漿品質），為了要抓這個魚羹的口感，阿國調整過魚漿與粉的比例，嘗試了一年才定調。

如同汕頭老闆的身世，三沙灣麵線焿的店史說起來也是曲折。汕頭老闆為第一任老闆，第二任老闆是三沙灣當地人，向汕頭老闆學藝接手麵線焿生意，第一任的汕頭老闆則轉賣米粉炒、魷魚羹與豆干包[8]，魷魚與米粉更容易保存，方便汕頭老闆大老遠推到三沙灣來賣的汕頭老闆補貨，換了小吃品項之後生意一樣好。

麵線焿的第二任老闆年紀大了之後，交由兒子接手，適逢政府將攤販安置於三沙灣臨時集中區，麵線焿攤位正式落腳於現今店址，有了固定店面，並且開始使用清輝窯的小吃碗。「我們用的這種碗叫『豆花碗』，如果去叫貨說『麵線碗』，他們聽不懂，說豆花碗他們就知道，碗口大碗身淺，不像現在流行碗很大裝少少。」阿國說，至今他的攤子依然使用清輝窯，只是十年前左右想補貨已買不到。

一九九七年，第三任老闆決定將店面頂讓給他人。剛結婚沒多久的阿國覺得對方生意還不錯，底打得滿紮實，支付了九十萬左右的權利金，將麵線焿店面頂了下來，成了小時候那位汕頭老先生間接傳承的第四任麵線焿經營者。

頂下店面後，阿國將攤子定名爲「三沙灣麵線焿」，是在地人一聽就能辨位的叫法。

原本並非從事餐飲業的阿國一開始吃了不少苦頭，因爲不算大戶，經常被上游的食材供應者掛電話，叫貨一定要給現金，向人請教也飽受冷眼，不過最耗神的是花了非常多的時間精力調整口味。第三任老闆使用的麵線一半是手工製作、一半是機器製作，麵線焿的「**焿**」（kenn/kinn，教育部閩南語辭典用字爲「羹」）指的是勾芡過的羹湯，「我們勾芡算勾最薄，這樣麵線要多放，因爲麵線會吐粉，會讓湯變稠。」

「中南部叫做麵線糊，北部叫麵線焿，」阿國玩笑地說：「有客人問我說，『糊』跟『焿』有什麼不同，我說，早上來的時候是焿，沒有生意的時候就是麵線糊……即使是用純手工的麵線，也是會糊。」他口中的麵線指的是紅麵線，比起白麵線，製程中增加一道蒸的工序。「純手工的麵線比較有嚼勁，價格比機器做的麵線差不多貴一半，有些商人講本求利，就會用機器的麵線，但是客人的嘴最厲害。」阿國爲了讓客人沒話說，一共試吃過六十幾家來源不同的麵線，以達到心中理想的麵線Q度，從小熱愛吃麵線焿當早餐的阿國笑說：「試到現在我看到麵線都會怕。」

如同許多接手他人事業的生力軍，做麵線焿的習藝之道，與其說是前任老闆指導出來的，不如說是客人訓練出來的，阿國說：「我們花很多時間精力去調整，客人是我們最大的師傅，慢慢改、慢慢調整到客人很少說好吃，一直到開始有人說好吃，差不多花了四、五年的時間。」

講到備料，阿國說魚羹裡包覆的大腸才是最耗本錢也最費工的麻煩事。「很多人都用進口大腸，都幫你處理好翻過面的，我們選用新鮮還沒有處理過的現宰大腸，洗乾淨、剪乾淨才翻過去，寧願花點工處理，」阿國說：「前老闆叫我們加一些硼砂、鹼粉去洗大腸，我徒手洗了一個禮拜，手上的指紋都不見了。」因爲害怕殃及人客，阿國後來聽別人的建議，用各種方式洗大腸，「用麵粉、用可樂洗，只有用啤酒太貴我沒有試過，後來選擇食用鹽。用粗鹽比較划算，但是要洗很快，粗鹽不是食品用鹽，吃起來大腸澀澀的，用食用鹽洗，剛剛好不會洗不乾淨的感覺。」

「我們的大腸沒有經過發酵，而是汆燙過後濾水再滷，滷完再用魚漿去包，做成羹，比較不會再縮（小）。」阿國解釋：「所以市面上沒有人要做大腸羹，因爲處理新鮮大腸，三斤煮好只會剩一斤啊。」至於爲什麼有人選擇讓大腸發酵，他解釋是爲了軟化肉質：「大腸完全沒有滷的話，咀嚼一兩個小時還在咬，**韌哺哺**（lūn-póo-póo）！」

一開始做這行，阿國沒有額外請人，他負責後場，控制口味，太太負責前場。「她都會記得客人要吃什麼，每個人的口味，加幾匙辣她等等，如果是我的話，客人點一百遍都記不起來，記性不好，」他又玩笑地說：「除了兩種人我會記得：罵過我的人，還有辣妹。」

從阿國接手賣起麵線焿的那一天起，倏忽二十三年，他最大的孩子都上了大學。最初接手店面時心情波濤洶湧，如今也到了事業上風平浪靜的人生階段，每天的工作時序都有了固定航道。

每天，阿國趕在五點半前到達工作現場，他在攤位後方買了一間被市場遮住的店面，做爲備料的後場，這麼做一方面是講究衛生，一方面是若有一天臨時攤販集合處消失，這個後場就能遞補成爲正式店面。五點半開火熬湯，以台灣蝦米加柴魚片做湯底，七點開始販賣。基隆人會吃麵線焿當早餐？問完覺得是多此一問，因爲阿國小時候就是吃麵線焿長大的呀。長大後的阿國回答：「會啊，來吃的多半是中年人，很多來買一碗帶去上班。」

賣麵線焿必須邊賣邊備料，起鍋之後，後場便接續開火熬湯，「假日的話，火開大一點，哪個時段人比較多就開大火，比較早滾；如果人比較少，就小火。」至於人潮的多寡怎麼預估，一方面是靠經驗，一方面也是靠運氣，「每天都在和老天爺對賭，」阿國說：「我們這裡雖然算背風面，面朝西南，但是冬天和夏天生意有差，夏天生意比較好，七成生意都是外帶，夏天大家吃不下，胃口小，麵線一小碗剛好……平均算起來冬天十一月生意最差，可能換季吧，秋轉冬，雨又多，如果要出去玩，就趁這個時候。」

問長大後的阿國做了二十幾年，覺得最開心或最辛苦的地方是什麼？辛苦的部分，他說一天工作時間至少十二個小時，「通常做生意退休後胃都不太好，因爲飲食時間不正常，膝蓋也容易磨損。」至於最開心的部分，他哈哈一笑：「有錢賺，最開心，做攤販有個好處，想開就開、想關就關，做店面就沒有這麼自由。」聽起來的確很自由呀，但也只有生意穩定的攤商才敢這樣說吧！如今三沙灣麵線焿已經來到了可以彈性自我放飛的生命階段，基本上一個月放假三天，阿國說完頓了一下，坦承：「……但是都會超過三天，時間不一定會寫，無預警會多休，人很累就休。很多人問說你們什麼時候休息，我們小姐（雇員）都說，看老闆心情——心情不美麗就休息！」

三沙灣麵線焿的攤位窄小，幸而主客源都是外帶居多，面前只擺了兩張摺疊桌。攤位前下方有一個小小鳥籠，裡面養了兩隻小鳥，阿國介紹這種鳥是「鳳梨小太陽」。他與父親都極愛鳥，父子倆以往常到台北逛鳥園。做生意之後，每天上班的時候都會呼喚兩隻鳥和他一起上班，一喊就會停在他手臂上。他在摩托車龍頭的地方精心打造了一個遮陽遮風擋雨的「鳥棚」，算是小鳥的專車。非常久遠以前他還養過八哥，曾經帶到店門口，不過後來發現八哥會說話，起初以爲鳥兒靈巧，說的是「麵線焿」，仔細聽才發現八哥說的是「哭爸！」被客人教壞了，再也不帶八哥到攤口。

鳥籠的上方架了一個小箱子，是阿國定時捐款給育幼院的捐獻箱，有人揶揄他說這小費箱該不會是買鳥食用的吧？他氣極敗壞，說你不懂我也不想跟你解釋。從二〇一二年十月分開始，阿國開始在攤口擺一個小費箱，只要當日有開業，他便投一百塊進去，「當時寶特瓶回收價錢很高，一公斤九塊錢，每隔一段時間我就拿去賣，固定把賣寶特瓶的錢和箱子裡的捐款匯給兩家育幼院和兩家啟智中心，四家輪流，每次都匯三千，以104回收站的名義捐出。」

「我們不是財團法人不可以募款，我會列帳單與匯款單，收據我自己留著，匯款單會張貼出來，到現在匯款已超過百萬，其中有一個客人很特別，後來我發現如果他來，就會投三千，投紙鈔沒有聲音，起初不知道是誰，如果他三個月沒有來，一次就會投九千，他已經投了三年多……客人可以自己匯款，卻選擇相信我們，被信任、被肯定的感覺很舒服。」

八八風災後，阿國還辦過義賣，在門口貼上當日義賣的告示，是日營業總額全數捐出，有時哪裡發生天災，他也捐。不過，點餐的時候，稍微留神，不難發現攤口後方木牆上工整地用馬克筆寫了四排字：「花錢不難／賺錢很難／借錢更難／討錢最難」，問他何以寫了這些字，他沒有明說，只說自己雞婆，「你今天一直幫忙人家，久了人家會當成理所當然，錢是另外一回事，錢借了之後，討錢就傷感情了，要談錢朋友就沒有了。」問他，寫了這四行字，還有人跟你借嗎？他平淡地說：「自從寫了以後沒有人跟我借過錢。」

身為土生土長的基隆人，阿國說自己除了當兵之外，從來沒有離開過基隆。在他眼裡，基隆除了中山一路（火車站周邊）之外，其他地方並沒有什麼顯著的改變，只是從小在哨船頭長大的他覺得市區比起二十年前盛況不再，「我女兒小時候去廟口夜市打彈珠還要排隊呢，」他感嘆：「現在基隆沒落了……現在基隆是遊輪港，基隆賺不到錢，觀光客

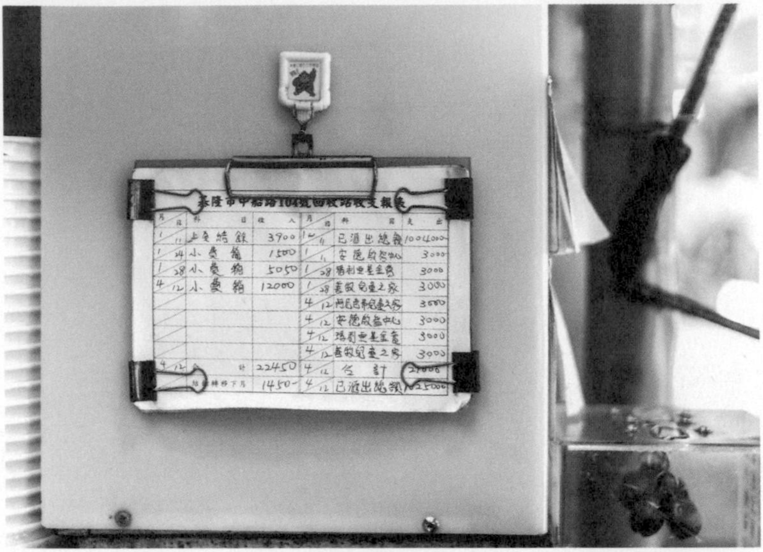

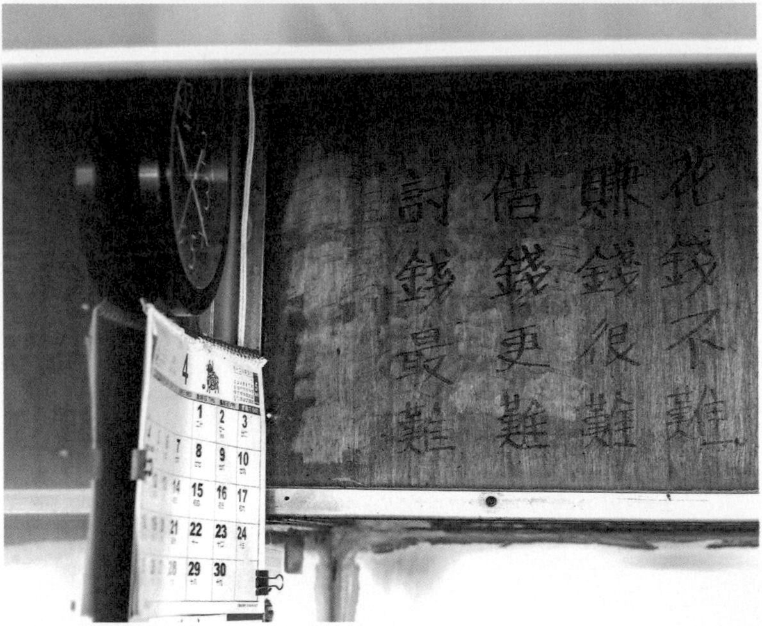
花錢不難
賺錢很難
借錢更難
討錢最難

遊覽車載去台北，不會留在基隆，對計程車與遊輪有幫助，其他幫助不大……基隆愈來愈落寞，年輕的時候，船要進港還要在外港先下錨，等碼頭空了才進來，因爲碼頭沒有船席給你靠，現在裡面兩三艘而已……基隆是個好港，漲退潮不超過一米，潮汐最小，可惜不受中央所喜愛。」

阿國說起話來活潑、喜歡打趣，時時掛著笑臉，很多客人喜歡特地來攤位上找他抬槓，但他說自己其實是個杞人憂天型的人，事情還沒發生他總是提早開始焦慮，比如說，他聽說基隆市政府不久後將搬到鄰近的停車場位置，他推測這個荒廢已久的臨時攤販集中市場遲早將被拆除。不過，他也自己安慰自己，「市場消失我就是搬到後場」，因爲總是提早憂慮，他早已經準備好了退路。

至於小時候那位賣麵線焿給小「阿國」的汕頭老闆呢？已無人知曉他的去處。不過，阿國說：「到現在還有人問起他的米粉炒、魷魚羹呢。」

三沙灣麵線焿
基隆市中正區中船路 29 號

**注釋**

1 基隆「哨船頭」為日治時期基隆港右岸山丘上監視船隻的塘汛(哨所),鄰近的街廓商店街與劇場構成基隆當時最繁華的政經中心,有「基隆銀座」或「小基隆」之稱。

2 安瀾橋(日治時代稱真砂橋)位於基隆大沙灣附近,是當時跨越在沙灣溪上的橋。此橋是中正路、祥豐街、豐稔街三條道路的交會地帶,也是真砂里、中砂里、正砂里三里的交會地帶,一般人即以「安瀾橋」為地名,指涉這三里交界附近的地區,昔日的沙灣溪已不復存。

3 流浪頭又稱「流籠頭」,為基隆港北側牛稠港北端的區域古稱,早期以流籠運煤的出口站,今以汕頭風味的炒麵、牛肉麵聞名。

4 現今中船里和義重里之間的山頭,原為直逼海岸的岬角。

5 當地人以「第四部」泛指正義路一帶,昔日特種酒家西湖第四部所在地。

6 曾齡儀,〈「咖哩」與「沙茶」的交融:基隆特有的滋味〉,《沙茶:戰後潮汕移民與臺灣飲食變遷》,臺北:前衛出版,2020年。

7 陳小沖,〈第四章:兩岸經貿、人員與文化往來〉,《日據時期臺灣與大陸關係史研究:1895～1945》,臺北:崧燁文化,2019年。

8 「豆干包」亦是基隆在地風味,豆皮內塞肉餡,外裹魚漿的小吃。

9 阿國的後場位於中船路104號。

高雄●鹽埕

# 日安！透早起床與時代對決

……老蔡虱目魚粥

凌晨將近三點，鹽埕區仍在深沉的夢境，鬧鐘急促響起。

按下鬧鐘，匆匆著裝從飯店下樓，找到臨時租用的共享機車，騎往鳳山。心底的隱形時鐘上緊發條，估計這個時間「老蔡虱目魚粥」的老闆蔡麗珠已經起床，接下來簡單做些伸展運動，三點半餵貓、替家人準備早餐，大概四點即抵達鳳農市場採買食材，而我想親自到市場看看。

街頭了無聲息，寬闊的馬路上幾乎沒有車輛，半途，細雨霧起，交通號誌燈暈出一圈毛邊。心想再撐一會兒就到了，但再前行一段，落雨漸重，如果不即刻找便利商店買件臨時雨衣，馬上就要濕透。不能再耽擱了，一番折騰換上雨衣，雨勢更加凌厲，租用的安全帽沒有擋風罩，進入鳳山區之後，厚雨密實地正面迎擊，眼鏡看出去的世界像浮動的水族館。

淋漓的水光中，撞見五甲一路旁小丘般堆疊、一簍簍新鮮連枝的破布子，循著這個奇異的擺陣找到市場入口，不到四點，鳳農市場早早沒有任何睡意，四處流淌的冷雨分毫沒有撼動此處奔騰的節奏，攤商、忙著裝卸貨的卡車以及趕時間的採買業者火力全開，沒有吆喝的聲浪，但是空氣裡的活力電流般竄動，現場像高速運轉的複雜機械迴路，檯前檯後，衆人安靜而手腳迅速地處理身邊的任務。身爲高雄最重要的批發市場之一，這個時段的鳳農市場不似大白天街弄中「**踅菜市仔**（seh tshài-tshī-á，逛菜市場）」的即興和緩，感覺每個人胸有成竹，知道一切的一切要從那裡來又將往哪裡去。

抵達現場後，很快理解到爲什麼麗珠老闆聽到我想跟她一塊兒上市場買菜時面有難色。這個市場太大，大部分採購者都是騎著機車風馳電掣地在不同區塊之間移動，蔬菜、水果、鮮肉、海鮮與花卉區按照某種默契各據一方，交易者大多與固定合作攤商迅速交手，按了快轉鍵般從一個點飛梭到另外一個點，會面不易，要在催油門四處移動、停車、緊湊採買的過程中亦步亦趨也困難。麗珠說自己動作很快，賣蚵仔的老闆每次看到她風風火火前來取貨，都要揶揄她的氣勢：「妳從那邊走過來好像在地震！」不過，即便是踩著風火輪跑完市場流程，也需要四十分鐘。

我騎著機車在市場內學做生意的人四處遊移，漫無目標地想碰碰運氣，看能不能偶遇像震央般撼動四方的麗珠老闆，果然是徒然無功。

漫遊到了一個節點，心底的隱形時鐘再度滴答催促，我盤算著，五點必須折抵鹽埕，「老蔡虱目魚粥」那個時候約莫已經將鐵捲門升起一半，前置作業人員都已各就各位，六點第一批客人很快就要就座吃早餐了，齒輪相扣的工作程序並不等人，我應該厚著臉皮去現場觀摩早餐業者如何奮起。四點多，我隨著許多完成採購的餐飲業者離開鳳農市場，許多人並不開貨車，而是在摩托車後加掛拖車或塑膠搬運箱，手把、機車前座踏板上再掛好塞滿額外的食材，每一台負載豐美的菜車看起來都像精采的前情提要，負責高雄飲食的一日之計。此時，說話比一般人快個半拍的麗珠應該完成任務即將離開市場，講究效率的她總是抄小徑到鹽埕，紅綠燈比較少。

往返市場遭雨勢夾擊的這一趟幾度感覺狼狽，但想起來，這樣的清晨對麗珠來說是日常。麗珠住鳳山，近二十年都在鳳農市場晨起採購，月休兩日之外，每天風雨無阻。怎麼不開車呢？她說開車卸貨很不方便，去市場載貨找停車位也很困難。騎摩托車的話，「天氣很冷就穿多一點還OK，颱風天比較恐怖。」她坦言，過去她連颱風天都照常到鹽埕開店，直到幾年前某個颱風日載了滿車的貨，風實在太大，頂著勁風搖搖晃晃牽車過中正橋，「我木頭人還沒感覺，想說坐車回去的話，隔天沒有摩托車可以載貨，硬騎回家，本來半小時多的路程騎了一個鐘頭，路上完全沒有人，很可怕，」心有餘悸的她幾年前才開始放自己颱風假。不過，個子嬌小卻作風硬派的她並不喜歡聊這些，昂聲道：「冷暖自知嘛，我不方便講，就怕有人說我在『**司奶**』（sai-nai，撒嬌）。」

五點，雨停了，稀微透亮的天色穿越輕薄的霧氣，鹽埕的街道彷彿覆上一層藍調的遮罩。瀨南街上的「老蔡虱目魚粥／虱目魚肚／雞肉飯」的扼要招牌尚未點亮，但店務已

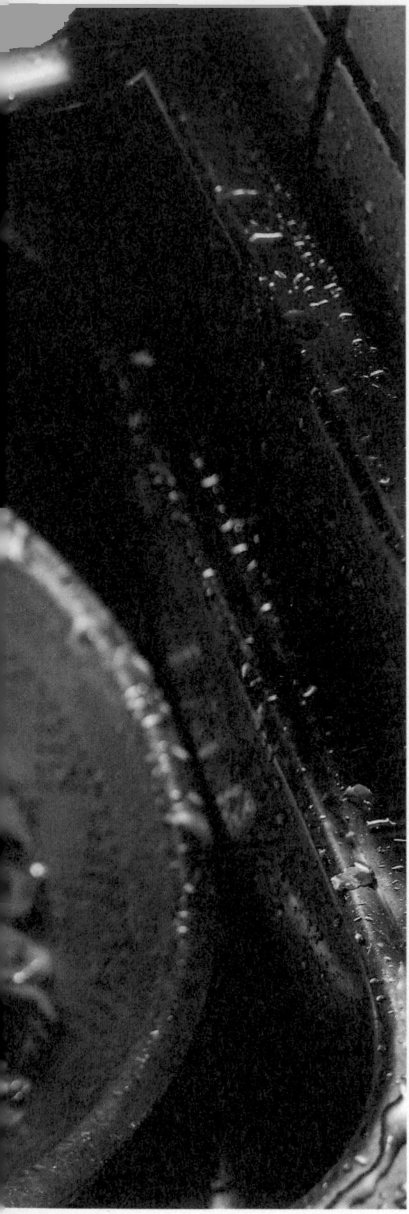

經準時啟動，最早抵達現場的是麗珠的大姊秋月，在六點正式開店之前，穿著運動鞋的秋月在廚房與前檯之間急促地奔走張羅，負責內場備菜、熬湯底。麗珠隨後騎著食材纍纍的摩托車到店，旋風似地展開外場準備工作。店門外的廊柱上掛了一盞舊式日光燈，蔡家自從有了自己店面之後，一直都在清晨的這盞燈下清理虱目魚。

虱目魚要好吃非得要新鮮，虱目魚畏寒，養殖業者分布於台灣西南沿海，台南與高雄的虱目魚料理相對普遍，正是因爲產地優勢。要吃有南台灣「暗黑料理」之稱的虱目魚腸不容易，因爲魚腸只要一離開魚身即開始化腐，生鮮處理的黃金時段只有短短幾個鐘頭，因此離開高雄、台南兩地便難以得見，多數賣此鮮物的店家又以早餐店爲主，處理起來費事而且數量有限，往往一早過了八、九點便售罄。

新鮮虱目魚料理蛋白質豐富、滋味醇美，打冰是料理前置作業中很重要的環節。天色尚未敞亮，巷口料理檯旁半人高的古老鋁製冰桶由製冰廠快遞塡滿冰塊，店裡所有講究時效的生鮮都先冰鎭鮮凍。麗珠抵達現場後，晾掛好雨衣，旋即站在小巷入口的料理檯處理足以應付第一批早起客人的食材，其中兩項特別趕緊的項目就是清洗虱目魚腸，以及打冰。虱目魚腸幼嫩，麗珠總是手持小片刀刃，輕巧翻洗看似糾結的虱目魚腸，在每一枚外人看起來不知所以的臟器中精準找到一條關鍵性的臟管，順手劃破，就著弱水洗去腸中泥沙或雜質。麗珠解釋：「虱目魚腸高雄有人有賣，只是會限量，搞不好七、八點就沒有，這個不賺錢嘛。我們量很夠，這個要慢慢做、分批做，不然會壞掉，一拿來就先凍起來。」

暱稱「陳阿腸」的作家陳埱分曾經在《鹽分地帶文學》的專欄中對虱目魚腸眞情告白[1]，解釋過虱目魚腸的矜貴，也曾親自買過虱目魚腸，體驗過這細瑣的洗滌程序，文末寫道：「洗上一副難免花上兩三分鐘，有時不免質疑：外面賣虱目魚腸的店家都會這樣洗嗎？當然這是個不忍細究的問題，畢竟外食不只吃陰德，也吃人品。」麗珠確實是極其耐性地洗她的虱目魚腸，她說這是良心問題，況且她自己的早餐通常也包括一副自家料理的魚腸。不過直腸子的她也不是沒有怨言，快人快語：「**遮厚工**（tsia kāu-kang）！一粒賣八塊錢，洗的過程會損失很多顆，要點這個燈，還要瓦斯，還要燙，還要人力……這是要賺什麼？賺個屁呀賺。眞的沒有什麼賺頭，但是因爲這個出名，很熱門，很少人在賣這個你就是要弄給人家吃。」

「我從懂事開始就很會殺魚，我和我姊姊很小就很會殺魚，我們做早市，聯考那天，我很早起來殺完魚才坐公車去考試，」麗珠憶起半個世紀前的清晨，也如今日這般，耐心剖魚，打開每一天。從前的虱目魚買來要自己殺，不像現在魚市分工精細，交貨的時候已去鱗、分段，還幫忙挑了刺，麗珠說，早期有些客人還特別喜歡吃帶刺的虱目魚，只為更緊實的肉質口感；往常還有客人特地問有沒有賣帶刺的虱目魚，但講究效率的今日，已經許久無人問起。

麗珠和大姊秋月從小就是協助家計的得力幫手，她們的母親蔡李茶花來自高雄湖內的草仔寮，投入餐飲業的時間更早，七歲便跟隨姊姊移居鹽埕做早餐，輾轉賣過擔仔麵、地瓜粥，熟稔熬製湯底與粥品的訣竅，今日的「老蔡」家業是她以青春打下的基礎。麗珠的父親蔡犇與蔡李茶花同鄉，夫妻倆起初在大仁路擺攤，賣過肉粽，後來賣虱目魚粥，創業於一九五三年。

二十世紀中期的大仁路匯集了一群專門經營早餐的攤販，早上四、五點開賣，八、九點即收攤，一大清早便有許多美軍、工人以及鼓山區等周邊居民來此吃早餐，老蔡夫妻最早是挑擔到路上賣湯與粥，彼時他們的「擔仔」簡陋，定點卸下肩上的重擔之後，於攤位上方架上兩根竹竿，吊掛香腸與置物袋等雜物，簡單熱湯與粥即開張；攤位前的窄小板桌僅容客人三三兩兩，沒有位置的便圍著攤位速食。

大仁路營業時期，彼時台灣虱目魚養殖業的技術並不如今日成熟，因怕寒害，冬日虱目魚少，老蔡夫婦只能改以燙熟蝦仁、豬肉絲與剁碎的土魠魚煎肉煮粥，夏天才恢復虱目魚粥的品項。

因時制宜，攤位的形態同樣隨著時代的演進，從最初的肩挑版，進化爲加裝輪子的推車版，最後有了不鏽鋼爐檯，保溫與烹煮器材漸次升級，在這個演進的過程中，「老蔡」的品項與日俱增，料理的方式也從早期「只求溫熱」，演變爲講究新鮮現料，早年的粥品是大鍋煮好，客人來時加熱舀出的雜炊粥，後期則將粥內添味的現料批次準備在側，客人點食才現煮，湯頭更清澈而層次分明。

鹽埕早期攤商的營業空間進化史亦是一波三折。楊金虎擔任市長時期，市府試圖整頓大仁街，禁止露天擺攤，街市攤商既有的謀生空間受到壓迫，開始各奔前程，除了開店的選項，更多是像老蔡夫妻這樣改爲「借走廊」營生的人家。蔡家從大仁街據點開始，隨後四處「借走廊」在別人的屋簷下謀生，一直到瀨南街「做店面」，已經是一九七〇年代後期，此前在路邊流離的營生歷史長達二十餘年。現今瀨南街的店面原先僅是破舊木板房，長達四十多年來皆無店招；店面規模同樣也不是一次到位，而是逐地分區購入，拓展成今日的縱深，改建爲水泥樓房後才亮出「老蔡虱目魚粥」招牌，然而即使長期隱姓埋名，名聲卻流傳極遠，從北部南下作秀的當紅影星喜歡來老蔡吃早餐，歷屆市長幾乎都是老蔡常客，「只有兩個市長沒來過，」秋月說。問她怎麼記得這麼清楚，她說：「因爲每任市長都會來，哪兩位沒來很好記。」

位居鹽埕的瀨南街，地名淵源亦拉長了「老蔡」身爲在地老店的歷史縱深。「瀨南」之名沿伸自清代鹽埕埔的「瀨南鹽場」，在一九〇八年日本政府爲了擴大打狗港機能而築港清淤，並將疏濬港口的港底泥沙取來填平原本的海埔澤國之前，今日我們所認知的「鹽埕」除了魚塭，大部分都是貨眞價實的「鹽田」，鹽產量一度稱冠全台。修築打狗港、塡鹽田爲市區的時期，日本政府整修高雄川（今愛河）支流「後壁港」，打造了貫穿鹽埕町、連結打狗港的「崛江」排水道，賦予排水分洪的功能。戰後，城鄉移民湧入港口旁的鹽埕討生活，爲求立足，群聚在溝仔旁搭攤做生意，政府爲了解決腹地不足與人口過剩的問題，一九五四年通過將「大溝仔」加蓋的提案，原本的大溝渠從此轉入地下，加蓋上方搭建整排商店街，串聯數個區段的熱門商場，鹽埕人統稱這條鬧街爲「大溝頂」。

「大溝頂」擠身於瀨南街與七賢路中間，就在「老蔡虱目魚粥」店面隔壁巷。蔡家從路邊攤到開店初期躬逢其盛，見證的正是大溝頂的鼎盛時期，也是鹽埕的黃金年代。當時的鹽埕是高雄都心鬧區的代稱，對許多鹽埕人來說，走出鹽埕就算「鄉下」。一九六五年，面積僅一．四平方公里的港都鹽埕人口超過六萬，商場、百貨、戲院與食肆匯聚，創造全市一半的營業稅收[2]；大溝頂因地利之便，加上當時進口、觀光與貿易限制，使得舶來品的買賣極其熱絡，成爲南台灣的舶來品集散中樞，麗珠猶記得父母曾經到香港的大丸百貨帶些日常小物回鹽埕轉賣，留她駐店代班的往事，足以見得當年舶來品在當地的熱銷程度。

如同其他老城區，在錄影帶與網路世代尚未瓜分娛樂市場的彼時，最能彰顯其輝煌商業活動的特徵，就是遍地的戲院。在麗珠與手足成長的過程中，鹽埕聚集了十幾家戲院，各家主打不同，放映武俠、黃梅調、文藝愛情與西洋藝術片之外，還有專門放三級片的新高戲院，蔡犇則特別喜歡到瀨南街上的富源布袋戲院看布袋戲。麗珠說小時候不太逛大溝頂，倒是常常去看戲，「以前看電影是拉著大人衣角進去，沒有在付錢的，趁著人擠人硬擠進去，從來沒有買過票，《梁山伯與祝英台》熱映的時候，看了十幾次呢。」

大溝頂的繁華帶動了周邊小巷的商機，在大溝頂最風光的時期，其側邊如魚刺般密密延伸的垂直小巷皆打造成窄小商用空間，至多五六坪大小，一樓與二樓之間皆設有「半樓仔」，做爲儲貨空間或者雇員的臨時臥鋪，一樓做店面。麗珠清晨洗魚腸的料理檯緊鄰通往隔壁大溝頂、一尺寬的窄小巷弄，整條巷子內的房子都是這種緊密的壓縮小格局。她指了指其中一戶說：「以前我們住在這一間，這是我們的起家厝，我們一家曾經十幾個人住在對面。」當時，他們家的半樓仔是雇員住的臥室，樓上是臥房，底下是起居兼工作場所，廚房、客廳、浴室都在一樓，整條巷弄共用一間公共廁所。所謂的浴室，麗珠形容那彈丸之地：「用布簾遮著而已，只有一個臉盆，舀熱水這樣洗，所以我們常常被看光光。」說完她好像突然覺得滑稽，爽朗地大笑起來。

六、七〇年代，大溝頂與周邊巷弄全設計成附帶半樓仔的小坪數商用空間，因爲當時大溝頂周邊「生意好到每天算錢要算三次」，萬頭攢動，小小一間店面價值連城。最早大溝頂主幹道的商家是「面對面」的分布形式，中間留一條通道，店家前後門皆可出入，後來市長王玉雲提出打造地下街、改建大溝頂的計畫，一九七五年，重建後的大溝頂商家改爲「背對背」的布局，主要通道翻轉到商家外側，許多當地人都覺得這是大溝頂衰敗的起端，「以前商店都是往內，後來王玉雲把通道翻到外面，下雨就沒人（不方便躲雨），就沒落了，」秋月說。

除了通道外翻影響了大溝頂人氣，時代的氛圍其實也變了心。隨著美軍退出台灣、苓雅區大統百貨開幕、政府開放觀光、高雄第二港口落成使得港口重心轉移，八〇年代還沒開始，市場飽和的大溝頂失去了早年的產業優勢，一九八〇九年代尾聲愛河地下街的祝融之災，燒毀了重振鹽埕榮景復興的希望，緊接著高雄市府東遷，成了最後一根稻草，提早結束了大溝頂的盛年。紙醉金迷的大溝頂沒落了，旁邊魚刺般延伸出來的小巷店面始料未及，商業價值急墜，紛紛改建成空間狹窄的住家，原本在大仁街租矮房生活的蔡家便是在那段時期住進了大溝頂旁的小巷。

半個世紀之前的某個早晨，麗珠剖完魚、洗完手，搭公車趕赴聯考後，考上了法文系。畢業後她工作了幾年便在家人召喚下返家接業，法語專業封存起來，只留後來出國觀光時露一手。麗珠與大姊秋月從小是家裡生意的主力支柱，秋月嫁人後有很長一段時間不再幫手，這幾年才回瀨南街協助麗珠打理生意。蔡犇二十年前過世，麗珠迄今守著家業守了四十幾年，如今成爲「老蔡」招牌的掌舵，「有一個中心概念才能做那麼久，心裡有個力量在推，我也不覺得辛苦，已經習慣了，守住這個家業……」麗珠若有所思地說，父親彌留之際留給母親的遺言是「**這个厝好好仔顧**」，「我也是爲了守護父親的那個意願。」雖然對洗魚腸、賣魚腸這件吃力不討好的事感到沒好氣，但還是義無反顧地每日辛勤地做這件事，大抵也是「心裡有個力量在推」，爲了守護什麼吧。

傳承自上一輩的堅持包括全面使用瓷器裝食。「以前在跑攤的時候就是瓷碗，我們都用一個大水桶提著所有碗，以前的碗比較厚，」麗珠補充：「瓷碗是我父親堅持的，可能是受日本教育的影響。這幾年後面洗碗的阿桑（老蔡的雇員）打破很多，我們又補了一些新的。」現今仍健在的老碗幾乎清一色是大同瓷器與清輝窯小吃碗，清輝窯的容器特別容易辨認，店裡用外緣飾有山水的青花碗或梅花碗裝雞肉飯，過往則使用牡丹圖樣的青花碗裝鳳梨豆醬虱目魚頭。

老蔡的鳳梨豆醬虱目魚頭吃的是風味，來自大樹的鳳梨豆醬延續蔡李茶花早年的選擇，清爽的水果香氣與極其節制的豆醬發酵風味，襯托出食材本色。老蔡的老派早點作風整體而言一概如此，與重口味的二十一世紀逆行，味道至爲清淡，以原味決勝負。他們家的香腸由蔡李茶花經營豬肉攤的哥哥負責製作，自家配方瘦而不柴，入口僅有淡淡中藥香，不像今日坊間流行的香腸那般肥香味鹹；所謂的肉燥飯其實是白飯上澆淋一匙原本要入粥提味的肉燥，並不是滷到油光四溢、濃醇黑的那種肉燥丁；虱目魚粥僅簡單與蚵仔、肉絲、肉燥現煮，綴上一點芹菜末，湯清味鮮；至於虱目魚腸則沒有花俏的料

理手續，單純入湯，或者乾煎，兩種料理方式的風味天差地別，入湯甘美，乾煎豐腴，樣樣調味極簡，味道卻十足鮮明。

清晨六點，老蔡店面鐵門拉起，騎樓展開兩張桌子，迎接第一批客人。

早班客人多半是老面孔，喜歡坐在老位置，吃同樣的老派早餐，把老蔡當成自家廚房。平日六點半左右，一位總是穿著筆挺襯衫的老顧客彷彿穿越時光走廊，總會在出發到屏東上班之前準時出現，坐在小巷旁的老位置吃早餐，一邊吃一邊與姊妹花抬槓。這位先生從姊妹花學生時期便已是蔡家常客，最初吃老蔡早餐已是半個世紀之前的往事，當時的他還是少年郎，十九歲。兩姊妹見到他來了，開始有心情說笑，原本急促的腳步也緩和起來，秋月替他點餐，笑問：「**今仔日欲『頭』無**(今天要吃虱目魚頭嗎)?」老顧客笑說：「**無『頭』袂活**(沒頭活不了啊)。」

近七點，第一波人潮稍歇，麗珠與秋月抽空也坐下來吃起自家早餐，麗珠固定吃一碗虱目魚肚湯，湯裡添一枚虱目魚腸，另配前檯上擺的簡單菜飯，麗珠連吃早餐都顯得專心致志，「我一天的活力都靠這個，」她近乎虔誠地說。秋月端出虱目魚頭，也坐下來與相識半世紀老顧客併桌一同吃早餐，自己端上來吃的主角是虱目魚肚湯。問起老顧客爲什麼喜歡吃老蔡，他想了想，簡單說：「新鮮。忠於原味。」

秋月與老顧客聊起從前養殖漁業沒那麼發達的往事。

秋月：「養虱目魚的人也很辛苦，都要半夜起來顧魚。」

老顧客：「我們也吃得很辛苦。」

秋月笑：「你每天都有老女人陪你怎麼會辛苦？」

老顧客：「莫講老啦！」

秋月：「都快七十了不是老是啥？」

老顧客：「說徐娘半老啦！風韻猶存。」

秋月：「風韻猶存我不敢講。」

桌上碗盤空了，剩下一些殘骨。老顧客起身：「好了，吃飽啦！明天不見了。」

「明天」是週末，老顧客放假不來老蔡吃早餐，這是他們的默契。

201
立業千秋
創始1953年
營業時間
台灣豬

滅火器

更早之前，趁著麗珠老闆洗魚腸的時候，我隨意問起她是否想過退休之後的事，出乎意料地，她說想開一間自己的店，也賣早餐，但是賣自己想賣的品項。我問她想賣什麼，她猶豫了一會兒，僅說：「還在想。」

我於是想像她為自己心中的那家店備料，流水嘩嘩地流過指尖，也許不再執小刀洗虱目魚腸，旭日從身後緩緩升起，一如以往，她腰桿挺得筆直，一秒也不浪費，保持堅毅的姿態。此時這座城市緩緩垂下晨曦，像是聲音清亮地在對她說：Bonjour! 辛苦妳了。

**老蔡虱目魚粥**
高雄市鹽埕區瀨南街 201 號

**注釋**

1 陳璵分，〈大暑．小暑，虱目魚腸二吃〉，《鹽分地帶文學》第87期，七月號，2020年。

2 李怡志，〈生活記憶積累成現在，從日常生活看見過去〉，《鹽埕水上人家》，高雄：叁捌旅居，2016年。頁59。

# 金聲號的世界巡禮



一九八〇年代初的某個周末，許建興照例開車載著父親許金聲到鶯歌一趟，經營碗盤生意的許家父子打算拜訪清輝窯與其他幾家日用食器業者，觀察當地窯業的變化，順便帶一批貨回家。

許金聲與林清輝見面的時候，總是老派地鬥陣先抽一支菸，讓煙霧沉進胸腔，再緩緩釋放、騰起，逸散在兩人之間，這才有一搭沒一搭地開始交換生意情報，也許談論最近特別暢銷的碗盤樣式，也許談論工業技術方面的疑難，交換一些樣品。兩位生意往來的舊識有些共通點，他們低調、惜物，皆受過日本教育，母語是台語，然而談到生意碗盤的二三事，偶爾參雜日語用詞。在經商這條路上，時局尚未明朗之前，他們都曾靠著獨到的遠見搶下市場先機。業界有時候稱呼許金聲爲「**老先覺**」(lāu sian-kak)，正是因爲他敏銳的洞察力。

如果戰爭沒有發生，許金聲也許畢生都將從事教育工作。日治時期就讀北二師的他畢業後分發至石碇教書，與第三高女畢業的妻子許鄭富美同爲小學老師。二戰結束後，新政府無力支付薪資，年輕的夫婦被迫失業，許金聲輾轉進入華光企業公司擔任總務會計，豈知一九四九年華光因違法吸金而惡性倒閉，再度失業。

幾度動盪，家中的孩子接連報到，爲了養家活口，許金聲這次決意棄儒就賈，從螢橋(今古亭一帶)舉家搬到重慶北路的一棟鋪瓦木造矮房，在自家門口騰出一塊空間創業。許鄭富美的娘家經營水果買賣，考量民生必需品終究不愁沒有出路，建議女婿嘗試先做日用陶瓷的生意；許鄭富美拿出嫁妝，同時向娘家籌措一筆創業基金，先從汕頭進口日用陶瓷與水缸，在中山北路(近今日中山分局)東側農田中搭建一座籬笆圈圍的簡易倉庫安置貨品，經商之途就此起頭。

這一走，便走得極遠。今日，如果從華陰街拐個彎到重慶北路，往北走幾步，旋即能找到許金聲當年創業維艱的本鋪，前方騎樓擺了幾箱日用五金與陶瓷，左側是賣果汁的小攤，右側賣童裝的服飾店在廊簷吊掛許多女童蓬裙。

探頭往店內一望，經常可以看到許金聲的次子許建興筆挺地站在店內深處美麗的老檜木桌前，金聲號櫛比鱗次的陶瓷器皿擺滿了檜木牆櫃與展示檯，從騎樓一直延伸到店面深處，入口的展示檯中央，永遠擺著一簇蔓生出新鮮花卉與枝葉的手製陶器，像是被陶瓷大軍簇擁的皇后。

從一些散置的古物（比如算珠被使用得油亮的厚重算盤）與夾藏在新品中年紀超過一甲子的台灣早年老盤看來，來客也許隱約可以感覺到這是一間歷史悠久的老店。不過，如果試圖與許建興再多聊一些，他會從一些隱蔽的神奇角落不斷掏出歷史遺物，彷彿魔術師帽裡抽取不盡的彩色手巾。這時候，聽故事的人才會在那些吉光片羽中理解到——金聲號不只是一間五金行。

「金聲號」長期以來是一個複合性的精神標誌，嚴格說起來，也很少人眞的稱呼這間店它眞正的名號，在許多人心中，這間店無非是許金聲所經營的一個商業中心，從許金聲創業的第一天開始，一直到今日，店門口從來沒有掛過招牌，Google地圖搜尋「金聲號」也毫無著落，若不是途經店門口目睹堆疊成山的日用陶瓷鋪展而成的壯闊暗示，一般人很難「定位」金聲號，無論是就地理位置而言或商業性質而言。它從一間低調小店，漸次茁壯爲業界衆所周知的商號，一度是雙北市的主要生意碗供應商，不但鋪貨全台，而且經營遠洋貿易，同時扮演製造商、盤商、零售業者的多重角色。

許金聲創業之初，重慶北路仍是一條不甚寬裕的小路，北端銜接日治時期暱稱「圓公園」的台北老圓環，南端銜接「後車頭」。在那個電話不普及的年代，客戶皆是以口耳相傳的方式到固定商家買貨，臨櫃現金，許多挑擔仔的路邊攤經常來許家批貨，生意興旺起來，偶爾遇到囤貨不足的時候，許鄭富美便會拿出相當於今日Excel的登記冊，筆跡工整地仔細謄寫掛單資訊，讓客戶預繳貨款，到貨後按登錄次序派貨，貼名字論歸屬。

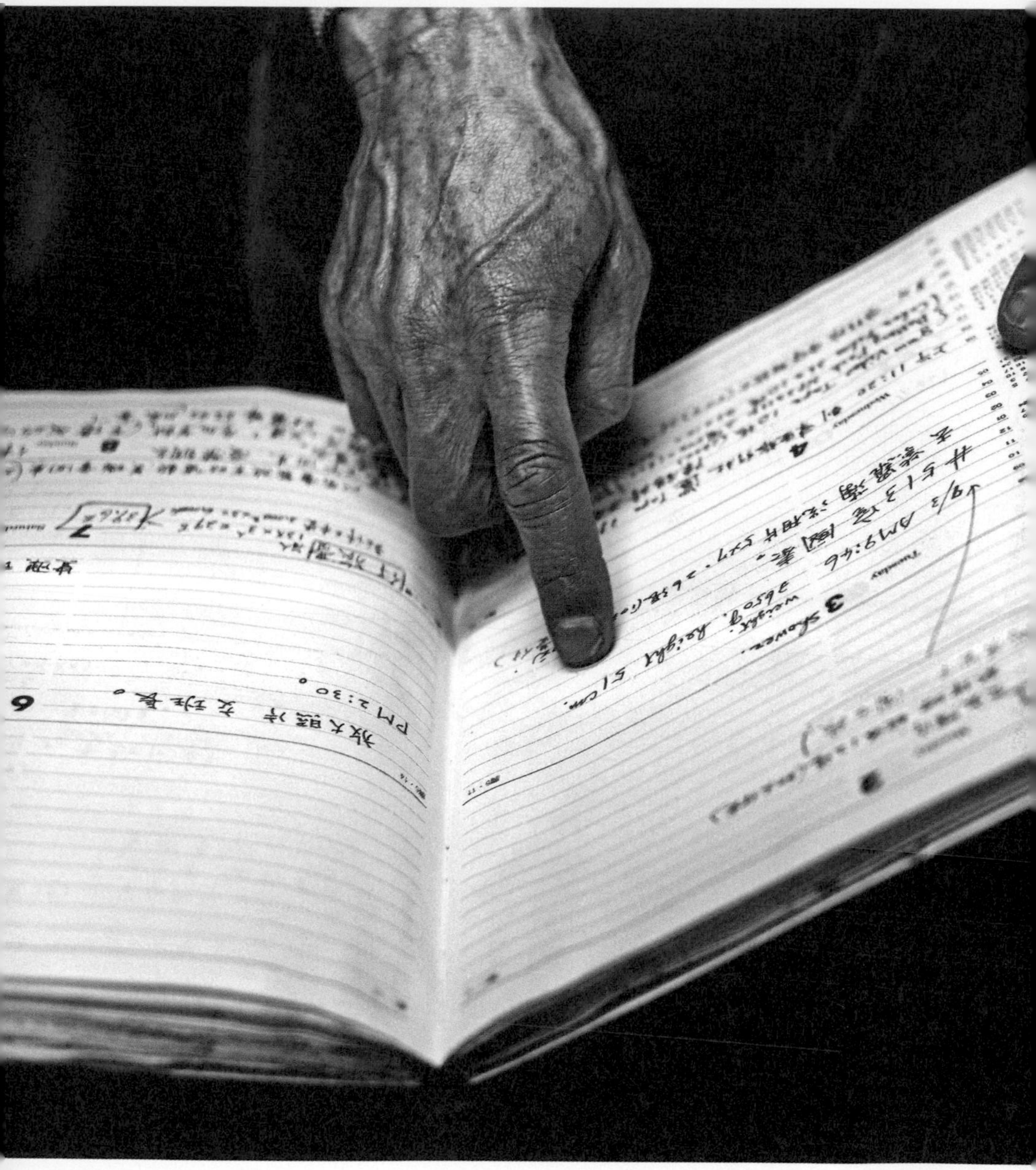

許金聲工整的日誌紀錄

一本名單浩蕩的掛單登記冊並不足以形容金聲號的野心。若說海外貿易打下了金聲號的地基，許家對餐飲業的敏銳觀察，以及先知先覺的執行力才是穩健金聲號的鋼骨。

許金聲早年的日本同學耳聞他做起日用陶瓷的生意，鼓吹他進口日本貨，靠著舊識的牽線，許金聲向人商借貿易牌，開啟了海外貿易的第一扇門。五〇年代之初，在那個物資缺乏的戰後時光裡，鶯歌鎮日用碗盤產業剛起步，民間小吃攤所使用的食器仍廣泛使用仰賴密集人工的轆轤與手繪技術，與此同時，日本日用陶瓷無論是機械製程或工藝發展相形成熟，金聲號進口的全瓷碗盤賣相更為精細、硬度更高，許家口中的「てんしゃ」（貼花）或釉上彩手繪紋飾變化豐富，所有標注商標或Made in Japan字樣的日本貨在市場上極其熱銷。

幾年後，細瘦的重慶北路在北方圓環與南方後車站的加持之下，蓄積了一股不可小覷的商業能量。早在日治時期，「圓公園」便是遠近馳名的台北小吃夜市聚集地，二戰期間圓環曾改建為防空壕與戰備蓄水池，小吃業者短暫移往鄰近腹地營業，戰後小吃業者重新聚攏於填平的圓環與鄰近空地，圓環再度成為台北小吃樞紐，往南沿著重慶北路至長安西路口這一段甚至發展成「重慶露店」——原本簡陋的路邊攤在一九五四年搭建成固定攤棚，兩側擠滿小吃與雜貨業者，與圓環內的小吃業者連成一氣。長安西路口以南，金聲號所在的這段路雖然並不隸屬於重慶露店範疇，但同樣是熱鬧的街市，「早上五點就有人在我們家門口殺豬，下午一點洗淨收攤，傍晚五點有海產店出來賣。」許建興描述。

圓環小吃當年的興旺，與後車頭帶來的大量城鄉移民有連動關係，六〇年代後車頭的職業介紹所林立，更加使得許建興口中隻身北上打拚的「十一哥」**苦力**（ku-lí）一波波湧現，壯實了圓環的小吃帝國。位居圓環與後車頭中央的金聲號順勢成爲最接近台北小吃核心產業鏈的食器供應商。

過往，金聲號最忙碌的時段一次是過年，另一次是農曆五月十三號霞海城隍爺誕辰。還沒到農曆過年，一般家庭習慣會上門買一些新的碗盤，因爲台語俗語「**添碗添箸**（thiam-uánn-thiam-tī/tū）」有「添子添孫」吉祥話的延伸意涵，「我們吃年夜飯是吃過子時的，隔天早上小吃店又來找你補碗換碗，所以我們過年前要大進貨，囤貨囤得滿滿的，貨堆得連通道都沒了。」霞海城隍爺誕辰時，「整個大稻埕這一帶就像吃流水席，吃拜拜，最早會請總鋪師，我爸是木柵人，很多木柵親戚都會來吃五月十三。」爲了籌備這場大稻埕的盛宴，金聲號同樣是忙得不可開交。

當年重慶露店與圓環的小吃業者生意蓬勃，彼此有互助互惠的默契，店家甚至可以替食客代點其他攤位的餐點並代爲結帳，打烊時再依據盤子樣式與左鄰右舍拆帳。起初各家小吃並沒有在器皿上標誌店號的習慣，經常造成混淆。許金聲在這風起雲湧的圓環小吃陣列中看到「客製化」的商機，一方面向北投幾家大型窯廠大量訂購「白胚」（純白無飾紋瓷器）、向北投窯場金義合購買釉料與鑲金邊用的金水，一方面在家實驗自製「電窯」，在生意碗上加工印製釉上彩的店號。

金聲號的「加工」製造業最顛峰的時期，許家家中擺了六桶電窯，電窯是學習力驚人的許金聲以灌了耐火土的兩百升鐵桶特製而成，桶內設有溝槽鋪設鎳絡線，許家人習慣下午五點半開始燒，燒六個半鐘頭後關掉電源，冷卻八個小時避免急遽熱脹冷縮導致瓷器破裂，早上掀開窯蓋再退燒四個鐘頭後取出。

「我自己大學念物理的，我都覺得當時我爸能夠這樣算電窯要吃多少熱量，要流掉多少熱量，算出要燒多久的時間，已經很厲害，」許建興談及父親總是充滿驕傲，接著他指著門外騎樓廊柱上的電表說：「我們外面有五個電表，最下面圓的那個叫做三相電表，電壓是三百八，一般是兩百二，三百八那個算是工業用電，因爲我們當年要用六個電窯。」

此時許建興突然彎腰不知從哪個神祕的夾縫掏出一個黃色閃光釉的食碗，介紹道：「這是蔣中正七十歲生日（一九五七年）時許家替他做的壽碗，」他指著上面四個留白的圓孔說：「碗上面寫『萬壽無疆』。」在許家如火如荼連夜燒製客製化花色瓷器的當口，金聲號能客製化生產食器花樣的名聲隨之炙烈地傳遍小吃業與官商名流，北方的圓環小吃帝國仰賴許家的電窯印製店號，南方總統府內遊走的大官要做壽同樣也找上門來。一直要到六〇年代，鶯歌碗盤業者才陸續引進低溫上彩的「閃光釉」燒製技術，產生購買白胚後再以電窯燒製「電花」的新興產業，此前金聲號已經靠著領先市場同業技術數年的技術取得了驚人的市占率。

許家超前時代的加工產業是許金聲經過各種演練與實驗獲得的成果。「小吃店用得最凶的就是湯匙，容易破。我們會做個代表店號的字樣印章蓋在湯匙上下去燒，紅色色料要再加水才能印，我爸發現燒製過程字常糊掉，所以就在色釉裡加上阿拉伯膠，磨一磨，印上去的字樣就能固定不糊，」許建興補充。

爲了圓環那頭龐大的客製化市場，許家的九個孩子從小的課外活動就是幫忙父母在食器上寫字繪圖，偶爾被差遣提著特大號茄芷袋裝著沉甸甸的生意碗到重慶露店或圓環送貨，許建興還記得：「一般都是禮拜六晚上去送貨收錢，因爲那時候店家生意比較好，付錢比較爽快。」

身爲金聲號加工廠的最佳班底，許家的孩子的字都寫得端正，他們學父親稱呼一種像鋼筆頭的金屬筆尖爲「ペン」（日文「筆」，音同pen），經常手持綑在筷子上的ペン或毛筆沾紅色色釉，畢恭畢敬在團體訂購的紀念杯上寫「×××老師惠存」、「××商號敬贈」等字樣，寫到許建興的四姊練出一手好書法，勇奪校內書法獎。早年台灣流行繪製蝦子的食具，許建興與兄弟姊妹們也幫忙畫過。說著，許建興隨手拿起櫃台前一只碗內隨意放置的一支蝦匙，解釋：「先印個草稿，再用紅色填一填，蝦子的鬚要用ペン去畫。」以ペン沾取紅色釉料快手勾勒出來的蝦鬚筆直剛硬，栩栩如生。

隨手拿起的這支蝦匙沒想到又是一件歷史文物，表面看起來與台灣古物界常見的蝦匙無異，然而翻過匙身卻可以看到漂亮的淡藍色商標，上方標註「PEACE CHINA」，環形中央畫了一隻信鴿，下端寫：「Made in Japan」，正是最早金聲號從日本獨家進口的「和平瓷器」商號。

爲什麼一甲子前的日本貨至今仍留存底貨呢？那又是另外一個故事。當年日本瓷器進口，皆以報紙包覆保護。一九六三年，許建興就讀國小三年級的時候，台北遇到災情慘重的葛樂禮颱風，當時許家的房舍尚未改建爲鋼筋水泥樓，仍是木造屋瓦建築，颱風肆虐當時，「我爸準備了一支鋸子，準備水淹太高隨時可以鋸開屋頂逃生；水退了之後，那個泥巴積到小腿肚，光是清泥巴就清了一個月。」當時同樣遇難的是上萬件的日本貨，泡水的日文報紙挾帶泥沙緊緊黏住碗盤調羹，由於數量太龐大，許家一直沒時間悉數「拆封」，許多當年的進口逸品這幾年才緩慢地「出土」。「最近很多日本人來跟我買這個（早年的日本

貨）,不知道是雜誌報導還是怎樣,日本人買一些自己日本的絕版貨。」許建興感覺稀奇。

身兼貿易商、客製化商品製造商與台灣窯業批貨中盤商這幾個複合身分,金聲號在創業十年間很快就成爲業界霸主,其經手的生意碗鋪貨到大台北地區最熱門的小吃一級戰區,全盛時期租用了鐵路局的三十八個貨運倉庫,爲了方便物流調度,促使鐵路局協助金聲號辦了一支撥接電話,以方便聯繫貨物運送事宜。

金聲號的營業電話由四碼延長成爲現今的八碼,有時候感覺緩慢,有時又覺得翻新得太快,時代就像加長號的列車帶著金聲號頭也不回地前進。一九七三年,重慶北路拓寬,重慶露店悉數拆除,金聲號店面前的馬路突然寬闊了起來。此時,鶯歌的碗盤製造產業已崛起,金聲號的技術不再獨占鰲頭。政府推動免洗餐具杜絕B肝的風潮方興未艾,稱霸舊時代的金聲號看似馬上就要面臨消沉的危機,然而長期面對第一線小吃業者的金聲號卻見風轉舵,嗅到了另一場商機。

衛生筷剛推行的時期,金聲號很快與南投、竹山、古坑、二水以及嘉義的好幾家廠商合作生產衛生筷,甚至包廠。最初鎖定的出口國是美國和加拿大,在許建興的提議下，每雙金聲號出口的筷子上皆印了「許金聲號」字樣，並且附上電話與店址，這個標注商號自我行銷的方式成功吸引了來店參觀的顧客，並且進一步將金聲號的海外貿易擴展到哥斯大黎加、巴西、秘魯與南非等地。

九〇年代初，許建興帶著妻女到美西玩，吃中餐館的時候，國小低年級的女兒拿起筷子，相當驚異地問爸爸：「爲什麼這個地方筷子上面印阿公的名字？」不多久一家人來到另外一家中餐館，女兒發現阿公的名字再度出現在筷子上，許建興只得握著筷子向女兒解釋外銷的概念：「外銷，就是把台灣本土的東西賣到別的地方去。」

從小吃生意碗做到餐館，從台灣本土做到海外，海外貿易貨櫃從併櫃擴展到整櫃規模，以瓷器爲主要銷售商品的金聲號在世紀末之前，漸漸擴展了貨品光譜，更像是能夠兼顧民生百貨的五金行，他們進口來自世界各地的貨物，也將貨物出口到世界各地。

許金聲五十幾歲的時候便毫無懸念地將店務交給大學甫畢業的許建興，開始環遊世界，像林獻堂一樣，帶著兩部電視攝影機記錄他看到的四海風光，家裡存了一排錄影帶，逍遙到世紀之交離世的那一年。

故事說完了，忘了提到什麼，許建興忽而意味深長地說：「做一件事要高瞻遠矚，這東西要是考慮好，外面再猛的風浪也吹不到你。」彷彿是自我提醒，也像波瀾時代的忠告、金聲號的座右銘，或者，只是單純在向他敬愛的父親致敬。

**金聲號**
臺北市大同區重慶北路一段37號

# 清輝窯的未來進行式：小吃碗上外太空

九〇年代，鶯歌的傳統產業無不積極尋求轉機，擁有獨門技術的陶瓷工業留了下來，有些轉而經營藝術品牌工作室，但絕大多數的碗盤小型業者都兵敗如山倒，紛紛化作歷史餘燼。

阿輝伯仔過世之後，林正誠與兩位哥哥合作延續家族事業，眼見小吃碗的生意已日薄西山，他們不得不做出難捨的決議：賣掉製碗的機器，走一條新的路。買下機械設備的廠商曾經是清輝窯的經銷商，也就是現今仍活躍的全國磁器，清輝窯把機器設備賣給熟識的商場朋友，舊有的模具也附贈交與對方，讓「阿輝伯仔」產品的生命在他處延續下去，也許沖淡了一些放手舊產業的不捨與哀愁，但是未來的挑戰才剛開始。

放眼公司未來，清輝窯成員和阿輝伯當年一樣積極走訪設備與工業展，試圖發掘新的潛在市場，最後決心放手一搏，轉型進入精密工業陶瓷領域。要轉換跑道談何容易，首先即要投資更高階的量產設備，其次是研發獨家的產品技術。與當年生產小吃碗時容許細微瑕疵不同，精密工業陶瓷追求更高的良率、更微小的誤差值，從大眾小吃市場走到專業小眾市場，清輝窯的科技變身也有一段漫長的摸索期。

清輝窯第一波研發的成品是「陶瓷過濾網」，利用的是陶瓷耐高溫的特性，熔煉廠業者在熔製金屬產品時必須先汰除金屬中的雜質，增加成品的強度與品質，這時候耐高溫的陶瓷過濾片便派上了用場。一九八二年到一九九三年，清輝窯已在思考轉型的跑道上，當時仍持續做日用陶瓷，但也已經開始做過濾網，工廠樓下做陶瓷，樓上做過濾網。一直到一九九二年，航發中心向清輝窯訂購大批過濾網協助製造ＩＤＦ戰機的起落架，替清輝窯打開了進入航太業的第一扇門，此時清輝窯才在風雨飄搖的轉型過程中漸漸站穩腳步，在新產業看到一絲曙光。

左｜陶瓷蓄熱材
右｜林正誠

當年在路邊小吃攤端著清輝碗吃蚵仔麵線的食客或許很難想像，手中小碗的生產者，往後的產品不但離開了一般人的餐桌，還可以說是飛天遁地，跨越國界，來到了許多意想不到之處。

在現階段的清輝窯多元產品中，包括了波音737發動機渦輪葉片的陶瓷型芯、天弓飛彈、高鐵、電動車與戰車裡的零件。許多業者喜歡以陶瓷型芯[1]鑄件，製造金屬中空的產品，利用的是陶瓷耐高溫的特質；航太、國防等精密儀器同樣借助陶瓷材料低膨脹係數、高強度的優勢，確保儀器或記憶板穿梭於低溫極地、高溫沙漠的時候，不會因爲溫差巨大的變化而短路，或者因爲持續運轉發燙而導致電路板翹曲變形。飛進外太空的火箭外殼，便是貼滿了得以耐得了劇烈溫差的精密科技陶瓷片。

由於有技術門檻，清輝窯的競爭者主要來自中國和美國，台灣若有人想做透氣性陶瓷，多半會找到清輝窯這邊來，在精密陶瓷產業，林正誠自認爲清輝窯最大的特色是「客製化」，量產之外亦能配合客戶生產精密度高的特殊造型元件。「如果沒有好的成型技術，良率不高，精密陶瓷用到車床或鑽孔都不太可能，因爲陶瓷易脆。」

轉型之路摸索了十年後，清輝窯開發的產品橫跨耐熱與散熱品，當時電子產業仍習慣使用金屬散熱片，清輝窯試圖遊說台灣大廠使用不需要額外加工即能絕緣、抗EMI[2]的環保陶瓷散熱片，卻難以取而代之，不得其門而入。直到二〇〇九年，韓國三星因緣際會前來洽談合作，逼使清輝窯來到新的抉擇點，當時全球金融風暴仍讓人餘悸猶存，三星需要發包的散熱片年產量卻是兩千萬片，要符合這樣的規格，勢必需要再下重本投資讓量產設備升級。最後，清輝窯毅然決定擴大設備，吃下三星的訂單，藉此獲得快速打入3C電子產業的通關門票。

在與三星接洽的過程中，林正誠印象最深刻的是：合作之前，三星曾經問他此前有沒有和廠商合作大量使用陶瓷散熱片，他回答沒有，三星的反應是「這樣最好」，理由是如此才能走在產業的最前端。等到雙方合作四、五年之後，清輝窯想再去韓國拜訪三星，他們只問：「目前有沒有更新的產品？」表示有新的產品才來，沒有的話就不必了，舊的產品他們已經熟悉，新的產品他們才有興趣。在三星穩定使用了數千萬片的陶瓷散熱片之後，回頭再說服台灣電子廠商就變得容易許多，許多大廠紛紛跟進使用，這也顯示出台灣業界訴求穩定保守的「Me Too」[3]風格，與韓國求取創新的思維模式不同。

「三星第一年我們就做了兩千萬片，他們全球有十八個廠在做電視，預估訂單分亞洲、歐洲、美洲，我們又要空運、海運。世界性的大廠，他們的看法是世界性的、宏觀的，我們學到很多東西。和大廠合作，也把自己視野擴大，」林正誠表示：「以前有上市櫃和我們接觸，我們會看得很重，現在就比較平常心。現在我們合作的世界性大廠包括愛迪達、NIKE、波音、思科等不同的領域，現在我們要打進的是世界市場。」

現今，清輝窯依然是台灣唯一的陶瓷過濾網和陶芯製造商，並以陶瓷射出成型的技術持續開發各種精密元件，仰賴的是過去二十多年來緩慢累積的專業技術與量產設備，而他們的客戶已經遍及全球，送貨目的地，不再只是台灣的五大經銷據點，而是全球各大洲，客戶不再侷限於傳統碗盤經銷業者，而是各行各業。與國際大廠合作的經驗，擴展了清輝窯的視野，現在他們更能具體而宏觀地想像未來的前景，目前成立了一間子公司「澤西歌」，與家族經營的老牌「清輝窯」做資產管理上的區隔，準備逐步邁向ＩＰＯ。

走過了這些年，清輝窯的成長過程中有個顯著的改變，顯示出台灣勞工環境的轉型，林正誠說：「以前一年只有放三個節日，清明節、端午節和過年，我小學國中一個月只休第四周，漸漸地後來休雙數周，到現在，我們周休二日。」

走進清輝窯的廠房，經常碰到上了年紀的老員工，其中，林秋麟先生今年六十幾歲，卻已經在清輝窯工作了半個世紀，從第一代的手繪陶碗一直做到現在的精密陶瓷，可以說和整家公司一起長大。清輝窯珍重地照顧著公司裡一起打拚的夥伴，如同街頭巷尾的許多小吃老字號仍珍重地使用上個世紀的清輝窯。隨著時代的進步，推崇免洗餐具的社會氛圍不再，民衆更加重視環保與食安問題，甚至自帶餐具出門，許多人重新看見並欣賞陶瓷碗的優點——然而清輝窯已經不再回頭。

上個世紀，台灣陶瓷業曾經因爲參加萬國博覽會而打開外銷之路，爲台灣陶瓷產業帶來二十餘年的繁華。如今，離開聯合國的台灣處在國際經貿合作關係的曖昧地帶，缺乏有力的經貿協議撐腰、保護，既不屬於TPP也沒有參加RCEP，政府亦無力引介台灣新興產業到世界舞台，提供具體的市場分析與產業媒合連結，替新世紀的陶瓷產業指引方向，即使像清輝窯這樣積極而充滿前景的鶯歌轉型中小企業，也婉轉表示這些年來必須仰賴自身的資源單打獨鬥，才能緩慢地在時代的巨輪下闢出一條蹊徑。

現在，走進鶯歌陶瓷博物館，可以在「未來預言」展區看見清輝窯精密陶瓷的陳列品。但是，清輝窯的終極期盼，不只是博物館玻璃櫃裡的靜態教育展示，而是真正走出世界，被不同產業「看見」，而終能發揮所長，那才是未來。

**注釋**

1 陶瓷型芯：協助中空鑄件的耗材。鑄件時埋下型芯，冷卻成型後再將型芯融出，形成中空。

2 EMI：電磁波與電子元件作用產生干擾的現象。

3 Me Too：臺灣電子業形容「跟進而非創新」的行事風格。

# 後記

早期生產日用陶瓷，滿足民以食爲天的基本生理需求，一直發展到日新月異的精密陶瓷的高科技發展，讓3C產品功能更廣、體積愈來愈小，讓人類登上月球還能回得來，陶瓷與我們的生活密不可分，幾乎無所不在。清輝窯的發展是台灣近代經濟發展的倒影，它曾刻苦、曾深入民間，爾後力求在世界舞台上跨界合作。

上個世紀，鶯歌的陶瓷工業受到中國青花與日本染付文化與技術的深刻影響，戰後二十年，無論內外銷的日用陶瓷或藝術陶瓷，都有中日文化的影子，到了二十一世紀，走一趟鶯歌鎮，仍是滿滿的日本輸出印象。一九八〇年代精密陶瓷工業發展初期，其技術與市場也同樣由日本所壟斷[1]，國內業者缺乏政府補助，只能自力更生。清輝窯一度於生意碗的業界執牛耳，卻長期在歷史紀錄中缺席，除了早年不重視品牌概念，不印商標，另外一個重要原因是它並不具備創新的個體特色，它一直在模仿、輸入其他文化的表達形式，而社會與政府的支持度並不足支撐它在表達形式上突破。

因爲有明確的自我意識，因而能產生明確的自我形象，這件事並不必然需要制式化的商標印記。以當代沖繩陶器工藝爲例，當地各派工房至今並不盛行在碗底印刻商標，然而整體而言，沖繩食器的藝術表達形式、使用的釉色與工法，都讓人過目不忘，辨識度極高——廣角來看，沖繩陶瓷美學有其無可取代的典範與傳統；細緻來看，各家工房卻在同中求異，各自表述，奇妙地相映成輝。日用陶瓷，或者是傳統的民藝品，其清晰的形象孕育於風土與時代，成長於創作者的自覺與使用者的反饋，皆是表達貼身生活最直接的表現形式。好好吃飯與善待盛食之物可以是一回事，粗食快餐與不置可否地使用美耐皿也可以是一回事，兩者都是眞實生活與自我的延伸。然而，從確立自我形象的角度來看，台灣碗盤博物館館長簡楊同所盛讚、獨步全球的「台灣手繪風格」已封存於太過遙遠的過去，台灣經濟成長期深沉的代工文化因爲被動與短淺，使得擅長模仿的台灣長期不重視原創性設計美學，即便是爲了服務一般民衆而生、必須朝夕與共的日用器物。至今，那個自成派別、與衆不同，足以成爲一個體系的新台灣風格，仍沒有出現，至少在小吃碗的表現形式上沒有。

在全球化與機械工業的高速巨流之中，維護純粹的手工藝與貼近土地的物流方式反而面對各種艱難的考驗，甚至可能是標榜著菁英品味的小衆奢侈。上個世紀，推廣實用與平凡之美的日本民藝祖師爺柳宗悅以及推廣台灣工藝美學的顏水龍很早便意識到這層隱憂，認爲民藝之美不適合停滯在懷古的趣味，對傳統的表達形式毫無反省不盡然是一種祝福。近百年前，柳宗悅早早發出喟嘆：「要在資本主義的社會當中復興工藝之美僅是徒勞，期待個人創作者創造工藝之美的耐心也已耗盡。」他的理想寄託在講究合作與共榮的「工房」(沖繩的陶藝工房或許實現了這種殊途同歸的理念)。

日用陶瓷食器既然是順應日常所需而誕生的器物，必然要順應時代的潮流而調整，如同小吃攤的待客形式以及街頭小吃的風味流變。至於日用陶瓷這項工藝如何在典範、環境與個人精神中間取得平衡，我認爲這就和推陳出新的飲食文化一樣，不必然是傳統爲大，同時也不可能全然由個體突圍來完成——它勢必需要一個文化共識，而這個文化共識建立在足以建構自我形象的自信與社會支援之上。這一切龐大的命題不是這一本書所能輕易負荷，但是清輝窯業「小吃碗上外太空」的跳躍性發展與諸多街頭小吃業者繼往開來的習氣與衝勁，或多或少交代了他們在這方面的努力，也許能爲這樣龐大的命題帶來一些提示。

在城市翻天覆地的近代發展史中，小吃攤業者爲我們示範了如何在都會空間的狹縫中創造生機。曾幾何時，台灣小吃也成爲一種能夠獲得台灣人自我認同而又具備強烈台灣風格的表現形式，變成了某種華麗且足以外銷的文化符碼。我曾經在小吃風情繁茂的萬華三水街附近某間小巧而古老的碗盤專賣店內與老闆閒聊，驚異地發現他的主顧客之中，包括了大量外國遊客；近期我亦在將台灣民藝與在地食材（並顯然將外國遊客視爲目標消費者之一）的商家中，看見架上出現相對高價的台灣早期器皿；金聲號的老闆近期亦發現不少日本遊客特地來台灣蒐羅其店內絕版的日本進口老件，顯見對器皿有一定敏銳度的外來者與商人看得見這些器皿的殊勝，或者說，他們正試圖重新定義舊物在新時代文化中的價值。小吃可以是一種文化展示，小吃碗亦可以是一種文化展示，清輝窯與那些使用清輝窯的業者皆是台灣小吃通俗演義的說書人，只是表達的方式並不那麼敲鑼打鼓。

感謝清輝窯與諸多業者不厭其煩的對話與耐心，願意在百忙之中抽空與素昧平生的我坐下來聊，並忍受我日後各種瑣碎的追問。我無法用更豐盛的語言來表達身為一名記錄者的榮幸，以及做為一名單純的聆聽者，如何在他們的追述中跨越時空隔閡，奇異地感同身受。

漫長的採訪過程中，我曾試圖在取樣對象、地區等素材中取得平衡，可惜不免仍有許多遺珠之憾，其中不乏無所不用其極三顧茅廬，可惜終究無法達陣的對象。不過，即使心嚮往之的任務不能悉數完成，我亦明白萬事不能強求，強求的結果不見得是最好的結果。出任務的過程中，我特別要感謝一些鼎力相助的「前線特派員」，尤其是化名「台南女遊客」的S、「台南打工王」以及駐點花東的瑋傑，他們爲我克服了地理與聯繫的障礙，將我的訊息與誠意投遞到第一現場。爲了與一家營業時間極其不固定、沒有聯繫電話、掛號投遞不斷失敗的台南店家產生對話，我一度與「台南女遊客」S、「台南打工王」組成了不可能的任務陣線聯盟——由駐點在神祕小吃店斜對面咖啡館的「台南打工王」擔任眼線，勤奮視察目標店家當日是否營業，一旦開店便知會S單車飛輪出任務，與老闆懇談。不，最後我仍然沒有說服台南這家低調的業者，如同許多其他功敗垂成的努力。儘管如此，我的前線特派員們依然功不可沒，也是他們的傾力使我感到了無遺憾。

編務方面，感謝協助翻譯日治時期文獻的譯者張紹仁、悉心校正台語用詞的作家鄭順聰，這本書因爲有你們而有更豐富的聲音。感謝有鹿文化的美術設計吳佳璘建構了這本書日常卻不凡的形貌。特別感謝身兼數職的攝影師煜幃，我與他全台出任務捕捉店家身影的時候，見識到了隨意卻精準的攝影家體質，他的鏡頭完美代替我呈現了文字所無法僭越的境界。

最後，感謝家人在各種時刻的馳援，尤其是神通廣大的薇薇、宜蘭阿姨，還有陪我行／食遍天涯的阿瞇。

謝謝大家，多謝款待。

**注釋**

1 徐文琴、周義雄合著，《鶯歌陶瓷史》，臺北：臺北縣立文化中心出版，1993年。頁73。

# 小吃碗上外太空

看世界的方法 191

作者——包子逸
攝影——林煜幃、Samuel許多（p.267上）
台語審校——鄭順聰
裝幀設計——吳佳璘
責任編輯——林煜幃

董事長——林明燕
副董事長——林良珀
藝術總監——黃寶萍
執行顧問——謝恩仁

財團法人國家文化藝術基金會 National Culture and Arts Foundation NCAF

本書榮獲國家文化藝術基金會文學類創作補助

社長——許悔之
總編輯——林煜幃
主編——施彥如
美術編輯——吳佳璘
企劃編輯——魏于婷
行政助理——陳芃妤

策略顧問——黃惠美・郭旭原
郭思敏・郭孟君
顧問——施昇輝・林子敬
謝恩仁・林志隆
法律顧問——國際通商法律事務所
邵瓊慧律師

出版——有鹿文化事業有限公司｜台北市大安區信義路三段106號10樓之4
T. 02-2700-8388｜F. 02-2700-8178｜www.uniqueroute.com
M. service@uniqueroute.com

製版印刷——中茂分色製版印刷事業股份有限公司

總經銷——紅螞蟻圖書有限公司｜台北市內湖區舊宗路二段121巷19號
T. 02-2795-3656｜F. 02-2795-4100｜www.e-redant.com

ISBN——978-986-06075-4-3
初版——2021年5月
定價——420元



小吃碗上外太空 / 包子逸文字 一初版．一臺北市：有鹿文化，2021.5．面；14.8 × 21 公分一（看世界的方法；191）

ISBN 978-986-06075-4-3（平裝） 1. 飲食風俗 2. 小吃 3. 臺灣 538.7833 ………………… 110005676